公众号运营
内容创作+运营推广+商业变现

魏 颖 编著

化学工业出版社
·北京·

如何运营微信公众号？《公众号运营：内容创作+运营推广+商业变现》一书分为三部分展开介绍。内容创作方面，从标题的起名、符号使用，到公众号文章的创作方法等都做了详细介绍；运营推广方面，使用大量案例介绍了如何选择行文风格、设计版式，以及种子期如何推广；商业变现方面，介绍了发展期和成熟期的推广方式，并介绍了软文广告、网红电商、培训类公众号的变现方法。希望读者能够通过大量的案例解读，获得微信公众号变现的方法。

图书在版编目（CIP）数据

公众号运营：内容创作+运营推广+商业变现/魏颖编著．—北京：化学工业出版社，2019.1（2020.1重印）
ISBN 978-7-122-33223-3

Ⅰ.①公⋯ Ⅱ.①魏⋯ Ⅲ.①网络营销 Ⅳ.①F713.365.2

中国版本图书馆CIP数据核字（2018）第241119号

责任编辑：刘 丹　　　　　　　　　　　装帧设计：王晓宇
责任校对：宋 玮

出版发行：化学工业出版社（北京市东城区青年湖南街13号　邮政编码100011）
印　　装：三河市延风印装有限公司
710mm×1000mm　1/16　印张15　字数187千字　2020年1月北京第1版第3次印刷

购书咨询：010-64518888　　　　　　　　　售后服务：010-64518899
网　　址：http://www.cip.com.cn
凡购买本书，如有缺损质量问题，本社销售中心负责调换。

定　　价：58.00元　　　　　　　　　　　　　　　版权所有　违者必究

公众号运营的优势越来越明显。有的公众号一篇软文售价达到50万元，这一消息传出后，毫无疑问，极大地增强了公众号运营的竞争力。公众号运营被推到了前所未有的热潮中，许多有识之士都想来分享公众号运营带来的红利。对于运营者来说，要想在这种激烈的竞争中取胜，唯一的方法就是打造阅读量超高的优质公众号文章。

为了解决公众号运营者在打造优质公众号文章过程中遇到的种种问题，本书针对打造优质公众号文章的方法来组织编写，包括标题的拟定、正文的撰写、材料的搜集、文章版式的设计等。好的标题是成就一篇优质公众号文章的必要前提，因为它能决定用户对整篇文章的印象，以及帮助用户做出是否阅读的决定。有了好的标题，可以吸引读者点击，但还要有好的内容才能留住读者，因此内容的打造、材料的收集是运营者必须学习的。最后搭配令读者具有舒适感的版式设计，力求全方位打造优质公众号文章。

运营推广是打造重量级公众号的关键步骤。本书针对运营推广的三个阶段，分别给出相应的推广技巧：在公众号的种子期，如何另辟蹊径，吸引大量种子用户；进入发展期后，通过介绍多种推广渠道，助力公众号得到进一步发展；最后进入市场需求趋于饱和的成熟期，在用户增长速度缓慢、推广渠道不变的情况下，带领运营者探索新的推广方法。

在商业变现方面，我们具体讲述了公众号常见的三种变现模式，即软文广告、网红电商及课程培训。这些章节引导读者思考其公众号产品能给用户带来什么，并准确定位自己，寻找最符合自己的商业变现模式。以软文推广为例，一篇优秀的软文能够轻松实现10万以上的阅读量，要知道，这样的阅读量会为运营者带来巨大收益。所以，本书结合各种优质公众号案例，围绕重点，告诉读者该如何重视并提高公众号的变现能力，让公众号在各方面都得到发展。

不论运营者在标题拟定、内容撰写、运营推广、商业变现等方面存在多少疑惑，通过阅读本书，这些问题或疑惑都能得到高效的解决或消除。本书在编写过程中得到了很多朋友的帮助，在此表示衷心的感谢。

本书力求为读者解惑，但限于作者水平，难免有疏漏之处，敬请广大读者批评指正。

编著者

 CONTENTS

上篇
内容创作：标题命名＋内容策划＋版式设计

1 标题创作的四大秘笈 / 002

1.1 价值型：为什么要花时间看这篇文章 / 003
- 1.1.1 李叫兽：《为什么你会写自嗨型文案》/ 004
- 1.1.2 十点读书：《一个女孩要怎样才算成熟》/ 005

1.2 实用型：看了这篇文章我能得到什么 / 006
- 1.2.1 家长必读：《小学阶段为什么要狠抓？答案全在这里了》/ 007
- 1.2.2 ABC微课堂：《别再说"分数不重要"了！你根本不知道好分数意味着什么！》/ 009
- 1.2.3 SocialBeta：《【观察】超越Adidas，追赶Nike，UnderArmour在市场营销方面做了哪些？》/ 010
- 1.2.4 玩转大学：《那个凌晨三点才睡觉的大学生，后来怎么样了？》/ 012

1.3 趣味型：不能让你一震，就得让你一乐 / 013
- 1.3.1 玩转大学：《那些分分钟把女生惹炸毛的句子，慎用！》/ 013
- 1.3.2 大象公会：GPS导航会让我们变路痴吗 / 015

1.4 紧迫型：为什么我要立刻点进去 / 016

    1.4.1 突出时间限制和必要性 / 016

    1.4.2 顺丰速运：《"对象"病了，怎么办？》/ 018

2 标题符号：那些简单有效的吸睛符号 / 021

2.1 疑问型：以问句结束，引起读者对答案的好奇 / 022

    2.1.1 以疑问方式引起注意 / 022

    2.1.2 创业邦：《要实现财务自由，30岁之前应该做哪些准备？》/ 023

2.2 数字型：在标题中使用阿拉伯数字 / 026

    2.2.1 海报网：《学会这3招，让你短发留长不再尴尬！》/ 026

    2.2.2 教育百师通：《班主任提醒：微信群里，别做这5类招人烦的家长！！！》/ 028

2.3 推荐词汇：特殊标志，重点突出 / 030

    2.3.1 使用推荐词汇的三个要求 / 030

    2.3.2 人民日报：《【实用】万万没想到，电吹风还有这些用法，太神奇~》/ 032

2.4 如何体：发问后，讲方法 / 033

    2.4.1 如何体的三个要点 / 033

    2.4.2 男装：《如何获得你的爱情》/ 035

3 标题特性：那些极具吸引力的定性词 / 038

3.1 私密性：越是不让知道，越要一探究竟 / 039

3.1.1　留下悬念，让读者不得不看 / 039

3.1.2　占豪：《好消息！这几类人的工资要涨了！》/ 040

3.1.3　摆渡人：《男人不愿为你花钱的真相！》/ 041

3.1.4　创业邦：《偷偷超过了华为和小米，他才是真正的人生大赢家！》/ 043

3.2　权威性：胜者为王，相信即成现实 / 045

3.3　专业性：拿数据说话，拿干货说事 / 048

3.4　急迫性：快速解决问题 / 049

3.4.1　急迫性标题的三个要点 / 050

3.4.2　央视财经：《【紧急】公安已提醒，本人也郑重申明，我的微信好友必须要看！》/ 052

3.5　稀缺性：越难得到的东西，越想得到 / 054

4　标题代入：读者不走心，因为引导内容太低端 / 057

4.1　热点内容：热点的关注度巨大 / 058

4.1.1　一条新闻成为一个热点 / 058

4.1.2　标题中融入热点内容的三大优势 / 060

4.2　修饰词：突出优势 / 062

4.3　双关语和俏皮话：增强标题看点 / 063

4.4　对比：引发讨论 / 065

4.4.1　对比性的四种方法 / 066

4.4.2　环球旅行：《他穿了15年粉色蓬蓬裙，却爷们过了全世界的男人》/ 068

4.5　利益引导：洞悉人类心理 / 069

4.6　共鸣话题：总有一句话，能让读者产生共振 / 071

4.7　流行词：给标题"化妆" / 073

5 什么样的内容才是好内容 / 076

5.1 启发思维：你认为的对，原来是错 / 077
5.1.1 意林：《比炫富可怕一万倍的，是炫苦》/ 077
5.1.2 创业邦：《为什么同班同学在五年后差距那么大》/ 078

5.2 预见趋势：在未发生之前，占据先机 / 079

5.3 博你一笑：你笑了就好 / 080
5.3.1 雾满拦江：《没有选择，就没有自由》/ 080
5.3.2 《万万没想到》：你根本就想不到 / 082

6 好的内容方向都是怎么出来的 / 085

6.1 选题会：不是出版，胜似出版 / 086

6.2 关注热点：寻找流量爆点 / 087

6.3 阅读或采风：思维的第四个角度 / 088
6.3.1 读书：一种最基本的方式 / 088
6.3.2 采风：聚会、采访等N种方式 / 089

7 与内容相关的参考资料，首选互联网 / 092

7.1 主题式搜索 / 093
7.1.1 正向搜索：要A，找A / 093
7.1.2 反向搜索：要A，找 -A / 095

7.2 核心搜索 / 096
  7.2.1 关键词搜索：A的核心词小a / 097
  7.2.2 关联搜索：要A找B，它们有相关性 / 098

7.3 迂回搜索 / 100
  7.3.1 放大搜索：将蚂蚁当成大象 / 101
  7.3.2 缩小搜索：将大牛当成蚊子 / 102

8 模仿式写作步骤 / 104

8.1 起笔分析：如何代入题目 / 105
8.2 理论分析：为什么要用这个理论 / 107
8.3 案例分析：为什么要用这个案例 / 109
8.4 衔接分析：用什么样的衔接手法 / 112
8.5 收尾分析：怎么总结这个题目 / 114

9 研究性原创写作步骤 / 118

9.1 我要写一个什么方向的题目 / 119
9.2 这个题目对社会有什么意义 / 121
9.3 这个题目有没有三大认知亮点 / 122
9.4 资料去哪里找 / 124
9.5 如何进行文章布局 / 126
9.6 确定行文风格 / 129

10　四大行文风格 / 132

- 10.1　学院风格：理论功底深厚，偏教材 / 133
- 10.2　实战风格：有效的，才是有用的 / 134
- 10.3　萌萌风格：萌萌哒、亲哦等网络新词 / 135
- 10.4　犀利风格：观点明确，一针见血 / 137
- 10.5　视觉志：《这样的熊孩子，给我来一打！》/ 138
- 10.6　看书有道：《真正伤害你的，是你的解释风格》/ 140

11　版式设计：封面、字体、字号、行间距 / 143

- 11.1　封面图片和内文图片 / 144
  - 11.1.1　封面图片：头图封面+小图封面 / 144
  - 11.1.2　封面图片要干净、色彩统一 / 146
  - 11.1.3　封面图片的主要内容尽量居中 / 147
  - 11.1.4　文章中的图片与文章内容相近 / 149
  - 11.1.5　图片的色彩冷暖要一致 / 150
  - 11.1.6　深度：《一段婚恋关系中，什么最可怕？》/ 152
- 11.2　字体、字号、行间距 / 153
  - 11.2.1　字号：正文字号为14～18px，16px更佳 / 153
  - 11.2.2　行间距：1.5～1.75倍比较合适 / 155
  - 11.2.3　每个段落不超过一屏 / 156
  - 11.2.4　段落之间至少空一行，让眼睛休息 / 158
  - 11.2.5　线条和符号，引导视线 / 158
  - 11.2.6　寻找外援：96微信编辑器、秀米编辑器 / 160

中篇
运营推广：种子期、发展期、成熟期运营重点

12 种子期：借助资源，借势推广 / 164

12.1 用户特征：匹配度与关联度高 / 165

12.2 联盟机制：打造利益共同体 / 167

12.3 付费推广：邀请名人、网红大咖转发 / 170

12.4 资源少，但执行力到位也能行 / 172

13 发展期：推广渠道多元化 / 176

13.1 群流量：微信群、QQ群 / 177

13.2 直播、短视频推广模式 / 179

13.3 资讯平台、APP渠道推广 / 181

14 成熟期：联盟、互推、活动推广 / 186

14.1 微信联盟、QQ联盟推广 / 187

14.2 同行业、跨行业互推 / 189

14.3 公众号小号为大号引流量 / 193

14.4 微博、知乎、快手大V推广 / 194

14.5 线下推广活动 / 197

下篇
商业变现：软文广告、电商、课程培训

15 软文广告：一条软文也能收入上万 / 202

15.1 植入软文收费前提与注意点 / 203

15.2 巧妙利用时事热点 / 204

15.3 软文加入创意元素 / 206

16 网红电商：公众号IP化推广 / 211

16.1 自营微店：利用软件一键开店 / 212

16.2 产品货源、物流平台选择 / 214

16.3 "经典绘本"凭公众号+电商模式日入3.3万 / 217

17 课程培训：让成长成为标配 / 221

17.1 参加课程培训群体动机 / 222

17.2 线上培训三大要点 / 223

17.3 线下培训要点梳理 / 225

上篇

内容创作：标题命名 + 内容策划 + 版式设计

1 标题创作的四大秘笈

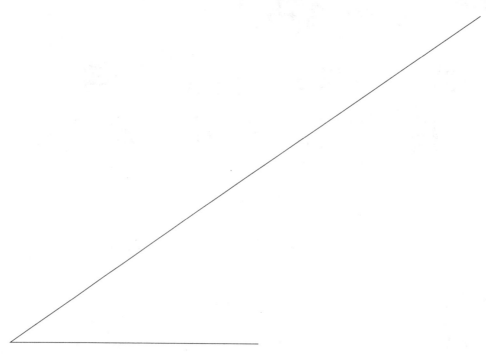

微信公众号,本质是一个靠朋友圈与微信群分享文章来获取流量和粉丝的游戏。在公众号会话(即直接打开公众号阅读文章)占总浏览量约5%的今天,刷爆朋友圈是10万+优质公众号文章的重要通道之一。要想刷爆朋友圈,一个好的标题必不可少。读者在朋友圈先看到的是标题,根据标题在1秒之内决定是否点开文章。

1
标题创作的四大秘笈

经常在朋友圈看到朋友分享的文章,只看标题就有分享的冲动。毫无疑问,这类标题是成功的。

创作吸引人、打动人的标题是否有法可循呢?如果有的话,这些方法是否可以复制?答案是肯定的。一般来说,创作好标题有四大秘笈:价值型、实用型、趣味型、紧迫型。

1.1 价值型:为什么要花时间看这篇文章

价值型标题靠输出价值取胜。例如《倾力推荐:大学生必读的100本书》,这篇以大学生阅读为主题的文章经过推送之后,很快就有了十多万的阅读量。

碎片化阅读时代已经到来,读者越来越关注文章的价值性。有价值的文章才值得点开阅读。

我们通过公众号数据分析平台找到了《人民日报》公众号3篇阅读量为10万+的文章标题。

①【荐读】人在单位三惜三忌三注意(值得收藏)

②权威调查!出身、专业和学历,哪个才能改变人生?

③【提醒】月月还房贷,你竟然还不知道这些事,亏大了!

第一篇标题非常干脆,对于工作的人来说,多数会想:是哪"三惜三忌三注意",我得看看!

第二篇与第三篇也属于典型的价值型标题,让读者一看就感觉内文里有自己需要的干货。当然,如果仅仅是标题党,内文并没有说出子丑寅卯,

公众号运营：
内容创作+运营推广+商业变现

那么感觉受骗的读者不仅不会买你的账，还会"因爱生恨"产生副作用。

美国心理学家亚伯拉罕·马斯洛于1943年在《人类激励理论》论文中提出，人类需求像阶梯一样从低到高按层次分为五种，分别是：生理需求、安全需求、社交需求、尊重需求和自我实现需求，这就是著名的马斯洛需求层次理论。

按照这一理论，实现自我价值的需求是人类需求中的最高级阶段。因此，在公众号内容运营过程中，我们唯有提供真正有价值的干货，才能让读者关注。在读者关注干货之前，也要让读者从标题看出"内有干货"。

1.1.1　李叫兽：《为什么你会写自嗨型文案》

先简单介绍"李叫兽"公众号运营者的基本情况。"李叫兽"，本名李靖，清华大学经济管理学院硕士，擅长用策略性的内容去影响大众，并启发大众的思考，其公众号阅读量经常突破10万+，属于实战型专家。

《为什么你会写自嗨型文案》是"李叫兽"写的一篇公众号文章，文章标题的关键词有两个："为什么"与"自嗨型"。这个标题表明文章将说明两个问题：一是自嗨型文案是错误的，二是为什么你要那样做。这个标题让文案工作者感觉文章具有价值。

具体来说，标题的价值体现可以分为三种类型。

升级实现型：想要提高生产效率、获得预期的进步。

恢复现状型：出了问题，希望恢复原状。

防御风险型：担心将来出问题，做好防御工作。

对于读者来说，这三种类型都属于价值方面的问题，读者能够通过标题一眼看出公众号文章能解决这三种问题的一种或所有，就说明这个公众号是有价值的。

再回头看一下前述《人民日报》公众号标题中的其他词汇："荐读""权威调查""提醒"。这些词加重了读者阅读的必要性，类似的还有"值得收藏""干货"等。

1.1.2　十点读书：《一个女孩要怎样才算成熟》

"十点读书"微信公众号平台开通于2012年底。截至2018年4月，"十点读书"的粉丝数量已经达到了2300万。"十点读书"所推送的文章，几乎篇篇都是10万+的浏览量，100万+的优质公众号文章也不在少数。凭借傲人的成绩，"十点读书"荣登新媒体排行榜第5名。

"十点读书"曾经推送过一篇《一个女孩要怎样才算成熟》的优质公众号文章，其标题就是典型的价值型。读者看到这个题目后，会产生这样的思考：女孩究竟要满足什么标准才称得上成熟呢？这篇文章是否能给出答案呢？

现今，人们对女孩的要求越来越高，标题中提到的问题，也是很多女孩面临的问题。她们希望得到答案，也渴望有一个明确的标准来指导自己的行为。可以说，这个问题的答案对于她们来说，是具有价值的。在这种情况下，读者点击阅读也就成了自然而然的事情。

需要说明的是：虽然我们强调标题的重要性，但并不意味着可以放松对内容的把控。公众号运营高手对标题与内容同样重视，绝不会做一个标题党。

1.2 实用型：看了这篇文章我能得到什么

实用包括理论层面与实践层面，前者指的是能解决读者在理论中遇到的难题，后者指的是指导实践的方法或技巧。

在这个快节奏的社会中，人们行为的目的性也变得更强。就阅读来说，如果能解决自己的某一个困惑或难题，读者打开文章并关注微信公众号的概率就会增加。

读者面对一篇文章的时候，会通过文章的标题反问自己能从中得到什么。运营者在创作实用型标题时应该换位思考，这样创作出来的标题才能更契合读者的需求。

下面是阅读量为10万+的公众号推文标题。

① 无须洗牙，教你5分钟消除牙垢！太实用了

② 生个女儿，这么穿，让她从小美到大！

③ 春节回家，请不要这样"逗"我孩子！（附：应对方法）

④ 学会这10种方法，闭着眼睛也能选对车

⑤ 吃这5种食物可以帮你摆脱失眠烦恼

以上列举的文章标题来自不同的公众号，但它们有一个共同点，那就是在标题中呈现了较强的实用性。仔细分析这5个标题不难发现，直接在标题中用"学会""方法""实用"等字眼，能展示出强烈的实用性。另外，这5个标题也有明确的指向性。

通过为读者答疑解惑的标题，让读者对隐藏在标题之下的内容产生好

奇心和信任感，这就是实用性标题的魅力所在。从分析过程可以归纳出创作实用型标题的3个步骤，如图1-1所示。

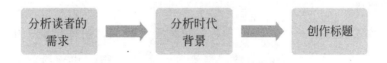

图1-1　创作实用型标题的3个步骤

公众号运营是针对读者而言的，因此其标题的实用性与否也是由读者决定的。要保证标题具有实用性，前提是要保证标题能契合读者的需求。要契合读者的需求，首先要了解读者的需求。要了解读者的需求，可以从公众号的特点、读者画像等角度来分析。公众号的特点决定了它所吸引到的读者的特点。长远考虑的话，与公众号特点不相符的读者，我们应该拒绝，因为这样的读者很难培养为忠实粉丝。

时代背景是读者生活的基础，也是公众号运营的基础。脱离了这一基础，也就难以保证分析结果的准确性和有效性。相反，结合时代背景对读者的需求进行分析，会使分析结果更加深入，更加准确，也为创作具有实用价值的标题奠定了坚实的基础。

有了以上分析结果作为前提条件，就可以开始标题的拟定了，用恰当的文字按分析结果表达出来，一个具有实用性、能打动读者的公众号标题就诞生了。公众号运营高手往往就是这样做的。

1.2.1　家长必读：《小学阶段为什么要狠抓？答案全在这里了》

从"家长必读"这个公众号的名称就能知道，这是一个针对学龄儿童的父母开设的公众号。换句话说，该公众号的读者定位非常明确，也就意味着关注该公众号的读者身份是统一的,他们的需求具有相似性。因此,运营者对读者的需求分析更准确,从而保证了所拟定标题的实用性。

运营者认为内容或者标题具有实用性意义不大,读者认为实用才能说明它是真正实用的。要得到读者的认可,毫无疑问,前提是能击中读者的痛点。读者不关心的内容即使出自专家、名人之口,也很难说它具有实用性。

确定了"家长必读"的读者群体,对于他们的需求也就不难理解了。所谓"望子成龙,望女成凤",这几乎是天底下所有家长的心声。所以,与培养孩子有关的内容以及能促进孩子朝着好的方向成长的内容,都是该公众号读者所关心的,也是很具实用性的。

无数的教育专家都在强调,孩子培养和教育的关键是小时候。这就好比盖房子,如果地基打得不够牢固,房子是没法盖得高的。即使有足够的材料和精力将房子盖高,房子也会因为地基不扎实而倒塌。实际上,所有家长也都十分清楚这个道理。所以,家长的关注焦点也就聚集到了孩子小学阶段的教育上。正是这样,当"家长必读"推送了《小学阶段为什么要狠抓?答案全在这里了》的文章后,其阅读量一路狂飙猛进。

为何这篇文章具有如此大的吸引力呢?还得从文章的标题说起。这个标题包含着3个关键词,即"小学阶段""狠抓""答案"。

前面已经分析过,"小学阶段"是孩子教育的关键阶段,也是很多家长较为关心的阶段。尤其是对于缺乏教育经验的家长来说,掌握一定的教育方法就显得尤为重要了。所以,"小学阶段"这个关键词能够吸引到读者的注意力。

其次,标题中还有一个关键词"狠抓"。一个"狠"字,更加突出了这一阶段教育的重要性。毋庸置疑,此时读者的神经已经被标题中的关键词狠狠刺激到了。读者心里已经开始对隐藏在这个标题之下的内容产生了兴趣。在读者还没有做出点击查看的行动时，运营高手还会再向读者施加助推力，让读者的行为朝着自己预设的方向进行。

最后，"答案"二字起到了推波助澜的作用。既然发现了问题，也找到了问题的根源，那么，该如何解决呢？这才是关键所在。运营高手在标题的最后告诉读者文章中有具体的解决方法。

几个关键词的运用既让读者产生了阅读动机，也给予了读者充足的阅读理由，读者又怎么会拒绝这个诱惑呢？

虽然一千个读者眼中会有一千个哈姆·雷特，但是同一个公众号中的读者的需求是相似的。运营高手只要把握好这一特征，由此出发拟定标题、生产内容，必定会受到读者的喜欢。

1.2.2　ABC微课堂：《别再说"分数不重要"了！你根本不知道好分数意味着什么！》

无独有偶，"ABC微课堂"是另一个专注于教育的公众号。这个公众号于2014年开通，其宗旨是"让孩子少走弯路，让家长少犯错误，为孩子的学习成长保驾护航。"在这一宗旨的指导下，"ABC微课堂"每天都会为读者分享语文、数学、英语等各科的学习资料和教育心得。

"ABC微课堂"推送过一篇《别再说"分数不重要"了！你根本不知道好分数意味着什么！》的10万+优质公众号文章，可谓是紧扣热点。

在传统应试教育背景下，分数几乎成为衡量学生的唯一标准。渐渐地，学生的学习目的不再是充实自己、提高自己，而变成对分数的追求。当教育环境中形成一股唯分数至上之风后，问题也就逐渐暴露出来了。于是，有专家提出要向着素质教育的方向改革。在这种情况下，"分数无用论"开始甚嚣尘上。

究竟分数有没有用？该不该重视？家长们一时之间也没有了主意。基于这种背景，"ABC微课堂"推送了这篇文章。

首先，在这篇文章的标题中，运营者十分明确地给出了自己的意见，即分数是非常重要的。这一观点对于读者来说，具有实用性，读者正需要有一个明确的观点来解答自己的困惑。该标题的第一部分成功吸引了读者的注意力。

然后，运营者在标题的后半部分用"你根本不知道好分数意味着什么！"向读者传达了两条信息：第一，好分数的作用不容小觑；第二，该篇文章将会对好分数的作用做详细介绍。

前面已经分析过，读者对分数是否有用以及好分数的作用感到迷茫。该标题传达出来的信息无疑击中了读者的心，并暗示能够为读者解答迷茫之处，因此读者会迫不及待地点开标题，进行阅读。

1.2.3 SocialBeta：《【观察】超越Adidas，追赶Nike，UnderArmour在市场营销方面做了哪些？》

"SocialBeta"作为社会化营销领域的权威公众号，其影响力是巨大的，也是营销领域人士必会关注的公众号之一。"SocialBeta"的推文创下了众多阅读量超10万的纪录。以其中一篇为例，进行深度剖析，探究其获得超高阅读量的原因。

"SocialBeta"曾发布一篇名为《【观察】超越Adidas，追赶Nike，Under Armour在市场营销方面做了哪些？》的文章。该文章发布后，短时间内就

1
标题创作的四大秘笈

形成了轰动效应，阅读量一路飙升，迅速破10万。这也是我们选择这篇文章进行分析的原因。

运营者在标题中提到了Adidas和Nike，还提到了UnderArmour，从传递出来的信息可知运营者的重点是UnderArmour。也就是说，运营者提到的前两个品牌只起一个衬托作用。

众所周知，不论是Adidas还是Nike，都属于国际上的知名品牌。运营者运用这两个超级大品牌来衬托UnderArmour，足以证明UnderArmour的地位。尤其是运营者还在标题中使用了"超越"与"追赶"，这就更加激起了读者强烈的好奇心，引发读者继续阅读正文的兴趣。

"SocialBeta"是一个有关营销的专业性公众号，其文章的重点自然不会偏离"营销"这一宗旨。于是，在标题的最后，"SocialBeta"亮出了它的实用性——它是如何进行市场营销的？这正是读者最为关心的内容。看到这儿，那些急于学习营销知识的读者又怎么会不点开标题，继续阅读内容呢？

通过"SocialBeta"可以总结出标题创作经验：利用对比法凸显重点和干货。试想，将该标题的前半部分剔除不看，仅凭标题的后半部分能吸引读者的注意力吗？答案显然是否定的。如果缺乏前半部分的对比，后半部分的重要性根本无法体现。在公众号泛滥、内容趋于同质化的时代，没有特点、缺乏看点的标题只会淹没在普通内容的洪流中。

相反，如果运用对比方法，则能很好地将所要阐述的重点展示给读者，读者关注该内容的可能性也会大大提高。

为了增强对比效果，运营者可以选取知名度较高或当下较热门的对象作为参照物。读者对对比对象更熟悉，也更了解，运营者所要表达的意思也就更容易被读者接受。换句话说，这样做更容易击中读者的痛点，从而打动读者。

1.2.4　玩转大学:《那个凌晨三点才睡觉的大学生,后来怎么样了?》

在教育类公众号中,运营情况较为稳定的还有"玩转大学"。这个专注于高等教育的微信公众号,打拼出了一片属于自己的天地。凭借独到的视角和见解,"玩转大学"收获了不少忠实粉丝。在"玩转大学"推送的文章中,也有不少阅读量过10万的。这些优质公众号文章的涌现正是彰显其实力最有力的证据。

《2018年中国的90后年轻人睡眠指数研究》调查显示,90后普遍睡眠不佳,呈现出"需要辗转反侧,才能安然入睡"的状态。在白天,70%的90后被动起床,并且其中一半的人选择继续赖床,90后是被吸盘吸在床上的一代,晚上睡不着,早上起床睡不醒。

年轻一代的睡眠、健康问题引起了全社会的关注,也引发了很多人的思考。"玩转大学"在其公众号中就这一问题给出了答案。它发布了一篇《那个凌晨三点才睡觉的大学生,后来怎么样了?》的文章。

显然,这个标题很吸睛。读者看到这样的标题后,会不禁去想:大学生凌晨三点才睡觉?怎么睡这么晚?为什么呢?身体吃得消吗?他后来怎么样了?

从"玩转大学"的这篇优质公众号文章中,我们能总结出一条提高读者量的标题创作方法,即使用疑问句式。同样一层意思,当用疑问句式呈现出来时,更容易引发读者的思考。因为读者面对它的时候,就是在面对一个问题。既然是问题,读者就会产生解决问题或探寻问题答案的心理。这种心理会让读者点击阅读。

公众号运营高手不仅善于使用词汇,更加精通探寻读者需求的方法,还掌握着增强标题吸引力的诀窍。可以说,一个优秀的公众号运营者是十八般武艺样样精通的全才。要想成为这样一个人，平时的积累和学习是少不了的。换句话说，凡是想要成为公众号运营的高手，就应该积极学习各家所长，广泛涉猎各类内容。

1.3 趣味型：不能让你一震，就得让你一乐

标题创作的第三大原则是趣味型原则，即让读者看到标题后，会产生愉悦感、放松感，有继续往下阅读文章的动力。公众号运营高手往往非常重视这一标题创作原则，也非常善于利用这一原则来取悦读者，拉近与读者之间的距离。

对于公众号运营者来说，践行趣味性原则的做法就是，尽可能地为标题赋予趣味性元素，使其能够感染读者，让读者看完标题后能有身心愉悦之感。所谓锦上添花形容的就是这种效果。总而言之，如果不能做到让读者为之一震，就极力做到让读者为之一乐。

1.3.1 玩转大学：《那些分分钟把女生惹炸毛的句子，慎用！》

俗话说：不想当将军的士兵不是好士兵。事实上，不立志于掌握所有标题创作原则的公众号运营者，也不是好的运营者，更不会成为公众号运营高手。

下面我们选用"玩转大学"的一篇阅读量为10万+的优质公众号文章《那些分分钟把女生惹炸毛的句子，慎用！》来分析其标题的趣味性。文章

公众号运营：
内容创作+运营推广+商业变现

发布后，引来许多读者围观，也得到了越来越多读者的关注。

那么，"玩转大学"的这篇文章是如何成为优质公众号文章的？其中的方法是否可以复制呢？现在就让我们一起来探寻原因。

首先，可以试想一下，如果你是读者，当你看到这篇文章的标题时，会有什么样的感受？对于大多数年轻读者来说，看到这个标题后，第一感觉肯定是"有趣"和"好奇"。

然后，读者可能会对照自身的情况进行思考。如果是男性读者，则会想："究竟什么样的句子这么具有杀伤力呢？我应该去看看。"因为对正处于恋爱期的男性读者说，他们看了这个内容后，就能避免说出惹女朋友生气的话。对于还没有谈恋爱的男性读者来说，他们会觉得看了这篇文章后，在追求女朋友的时候会更加顺利。于是，大多数男性读者都会点开阅读。如果是女性读者的话，她们看了这篇文章后，可能会想："是否真的有这么神奇？我得看看这些话是不是能把我惹炸毛？"于是，出于好奇和好玩的心理，女性读者中也有大量的人会去阅读这篇文章。这样一来，这篇文章的阅读量自然会很高了。

在这个标题中，运营者使用了"惹炸毛"一词。其实，这个词表示的意思就是"非常生气"。如果将"惹炸毛"用"非常生气"来替代的话，其趣味性就明显削弱了，这篇文章可能就得不到如此高的点击量，难以成为优质公众号文章。由此，凸显出了趣味型标题在公众号运营中的重要性。

从"玩转大学"的这篇文章标题我们能得出一个增强标题趣味性的方法，那就是用网络热词、通俗性词语替代书面性词语。网络热词和通俗性词语常常具有一定的趣味性并且能让读者感到亲切，从而从心底认可并接受它。

公众号运营高手会考虑大多数读者的共同利益，会尽量取悦大众，而不是仅仅考虑极少数特殊读者的利益。总结来说，公众号运营高手必须具有极强的全局观,任何事情都以大局为重。如果你也想要成为一名公众号运营高手,那就开始树立全局观吧。

1.3.2 大象公会:GPS导航会让我们变路痴吗

"大象公会"是一个较为有名的,以分享知识、见识、见闻为主的知识型公众号,所关注的话题大多与日常生活相关,虽然很多事物和现象是人们所熟悉的,但公众号文章总会以新奇的角度切入,刷新我们的认知。

这个标题中既有"导航"一词,又有"路痴"一词。这两个词形成了一种对比关系,引起了读者的好奇心,让读者对其产生兴趣。在人们的普遍认知中,既然有导航了,那一定是为了解脱"路痴"的,怎么会让我们成为"路痴"呢?给读者一种冲击感。

有的读者可能会联想到《刻意练习》一书中曾介绍过伦敦出租车司机的故事。并不是人人都可以当好伦敦的出租车司机,事实上,在伦敦,要想当一名获得许可的出租车司机,必须通过"史上最难的测试"。

这些应试者,不仅要熟知所有的街道、房产、公园和开放区域、政府机构和部门、金融和商业中心等,还要当主考官给出伦敦的两个地点时,能准确说出两个地点的精确位置,描述出它们之间的最佳线路,然后依次说出沿途每一条街道的名字。可见,能通过测试的都是"活导航"!

还有,曾引起媒体关注的"美女路痴"睿文,从家到公司,100%地依赖刺激-反应。"十字路口的数量数错了咋办?"——"只能回到上一个地址重新数。"生活中,"迷路""路痴"的场景跃然眼前,虽然有时候很无奈却也特别有喜感。

其实,在实践中,创作趣味性标题的方法还有很多,各有优势,也各有适合的情况。只有根据具体情况选择合适的方法,才能达到很好的效果。

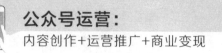

方法没有优劣之分,之所以会出现效果上的差异,是因为使用方法和执行情况有所不同。

当运营者实在找不到有趣、有料的词语来组成文章的标题时,没关系,运营者可以调整思考的方向,转向寻找有趣的事件或现象来组成文章的内容。此时,只要运营者对内容进行总结,用写实的手法来策划标题即可。这种创作趣味性标题的方法,也为运营者的内容策划提供了方向。

1.4 紧迫型:为什么我要立刻点进去

公众号运营高手在标题创作上还有一个秘诀,那就是为读者制造紧迫感。仅仅让读者对标题产生兴趣,或者仅仅引起读者的注意力,是远远不够的。我们所需要的点击量是指读者查看了文章,而不是想看文章。因此,文章标题还应该具有敦促读者立刻点击查看的作用,也就是紧迫感。这是标题创作的第四大原则。

之所以要在此强调紧迫感,是因为评价公众号运营情况的数据必须是真实存在的。如果只是让读者产生了想要阅读的念头而没有阅读,这种效果是没有人会承认的。因此,运营者不得不想方设法让读者做出实际的阅读行为来。这个时候,紧迫感是最有力的驱动因素,它会让读者觉得越快查看该内容越好。

1.4.1 突出时间限制和必要性

为了探究具有紧迫感的标题的创作方法,我们依然采用举例分析的方式进行。此处选择公众号"北京社保中心"的一篇文章。"北京社保中心"

如它的名字一样,是一个汇编精选社保信息、深度解读社保新闻、提供社保资讯服务的公众号。

在公众服务类公众号中,"北京社保中心"算得上是名列前茅的公众号之一。在它发布的文章中,有很多文章的阅读量都很高。

比如,"北京社保中心"在2018年3月1日发布了一篇《2018年度城乡居民基础医疗保险集中缴费延长至3月31日的通知》的文章。请问大家,当你看到这个标题时,会产生什么样的感受?是不是想要立刻点开标题阅读文章,从而一探究竟?

从心理学的角度来看,这种做法运用的是"心理暗示"的方法。心理暗示,是指人接受外界或他人的愿望、观念、情绪、判断、态度影响的心理特点,是人们日常生活中最常见的心理现象。

心理学家巴甫洛夫认为,暗示是人类最简单、最典型的条件反射。从心理机制上讲,它是一种被主观意愿肯定的假设,不一定有根据,但由于主观上已肯定了它的存在,心理上便竭力趋向于这项内容。

事实上,有效的心理暗示能为读者的行动指明方向,引导读者如何去行动。而读者也比较热衷于接受这种积极的引导。从这个角度来看,创作具有紧迫感的标题不仅仅是运营者为了达成运营目标,更是为了满足读者的需求。

在前面章节中,我们反复提到了要紧扣读者的需求来运营公众号,包括标题的创作。可以说,当这个问题上升到满足读者需求时,那么它的可操作性也就得到了极大的肯定。众所周知,公众号运营中最重要的就是引起读者的注意,积累粉丝。要达到这种效果,最基本的前提就是要满足读者的需求。

"北京社保中心"拟定的这个标题用了"3月31日"这个时间,而发布时间为3月1日,间隔时间很短,这种情况下,往往会给人带来一种紧迫感,甚至是危机感。于是,读者的紧迫情绪、好奇心等心理都被调动起来了。

1.4.2 顺丰速运:《"对象"病了,怎么办?》

众所周知,顺丰速运是一家主要经营国际、国内快递业务的快递企业。但是看文章标题,读者会想:快递企业怎么关心起人家搞对象的事儿来了,心里会有些好奇。对于恋爱中的男女来说,如果自己的对象生病了,应该怎么办呢?这是很棘手的问题。在具体情境中,紧迫感呈现。

公众号运营者通过标题来引导读者的行为,让读者朝着运营者预设的方向行动。由此可以说明,要想创作出一个能让读者产生紧迫感的标题,运营者还需要对读者的心理有所了解,要善于运用心理学。

大卫·奥格威被认为是广告业乃至整个商业世界中的一个不朽传奇。闻名世界的奥美广告公司就是他在38岁时创立的。直到今天,他的广告哲学依然受到人们的追捧,依然影响着整个广告界。不少从事市场营销的人士,一直在研究和实践着他的理论。

其实,公众号推文的标题创作与广告策划有着共通之处。所以,我们也能借大卫·奥格威的理论来分析并说明这个问题。在大卫·奥格威看来,利用受众的猎奇心理,是一种十分高效的广告创作方法。同样,这也是一种高效的公众号标题创作方法。

大卫·奥格威认为,"人的猎奇心理是无穷无尽的,可以采用新奇的说法、新颖的形式、独具特点等特殊手法,使读者产生强烈的好奇心,从而引发读者继续读下去的欲望,这样的标题很容易成功。适当使用'不同寻常''奥秘''秘密'等词语可以吸引读者的注意力。"

利用读者普遍存在的猎奇心理，并将之与具有紧迫感的词语联系起来。这样一来，就能将标题中的紧迫感传递给读者，从而让读者做出回应，即点开文章进行阅读。

当然，不管运营者使用哪种类型的标题来吸引读者，都应该保证隐藏在标题之下的正文的质量。如果仅有光鲜的标题，没有充实的内容与之相配的话，只会让读者觉得金玉其外败絮其中，会导致读者流失。公众号运营高手之所以能成为高手就是因为能做到标题和内容兼顾。

公众号运营：
内容创作+运营推广+商业变现

学习心得

阅读完了，记下你学到的小妙招吧！

2

标题符号：那些简单有效的吸睛符号

每一位公众号运营者都希望自己的粉丝能多一点，再多一点。公众号运营高手也不例外。只是，公众号运营高手往往能将这种希望变成现实。那么，他们究竟是如何做到的呢？原来，他们在标题中使用了一些特殊的、简单有效的、吸睛的符号。本章就为大家揭秘公众号运营高手在标题中使用了哪些特殊符号。

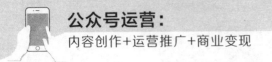

通过对大量优质公众号文章标题的研究，我们归纳出了公众号运营高手经常使用的四种符号，即疑问型、数字字符、推荐字符、如何体。

2.1 疑问型：以问句结束，引起读者对答案的好奇

在标题中加上问号变成疑问句，能引发读者的思考，引起读者对答案的好奇。这是公众号运营者常用的一种标题命名方式。

2.1.1 以疑问方式引起注意

疑问型标题不是真的要询问读者，而是以疑问的方式引起读者的注意，让读者产生阅读正文的兴趣，问题的答案往往会在正文中呈现。我们把疑问型标题又称作设问式标题，毕竟它既有问题，也有答案。

在众多优质公众号文章中，有一篇《你的女朋友，是不是这样追到手的？》的文章，就是疑问型标题。从这篇文章最终收获了众多阅读量来看，就能知道疑问型标题的优势所在。

从符号学的角度看，问号本身就有强调、提醒的作用。运营者在标题中使用这一符号也是基于它的这一功能。同样的一层意思，运用疑问句表达出来更具吸引力，更能引发读者的好奇心，进而增强彼此之间的互动性。如果将《你的女朋友，是不是这样追到手的？》改为《你的女朋友一定是这样追到手的》，后者明显失去了吸引力。

当男性读者看到这个标题时会联想到自己，然后会反问自己："我的女朋友是怎样追到的？是不是跟文章中说的一样呢？"就会点开标题一探究

2 标题符号：那些简单有效的吸睛符号

竟。女性读者看了之后，则会想："我的男朋友当初是怎样追我的？是不是从这样的文章中学习的方法。"为了解答自己的疑惑，女性读者也会忍不住点开标题。这就是疑问型标题的魅力所在，它能引导读者去积极思考问题，探寻问题的答案。

创作疑问型标题的关键是，提出一个具有吸引力的问题。疑问型标题不仅仅是在标题末尾加上问号那么简单，运营者还要保证所提问题要么契合读者的需求，要么符合读者的关注点，要么具有一定的现实意义或思考价值。否则，仅仅在标题末尾加上问号是没有效果的，也不能将之称为疑问型标题。为了加强大家对疑问型标题的理解，笔者收集了一些效果较好的疑问型标题罗列在此，供大家参考借鉴："人类可以长生不老吗？""小米是如何做到从0到1的？""他是如何从失败中奋起，进而走向成功的？""没有运营的产品怎么火？"。

成功没有捷径，标题创作也是如此。如果运营者不经过一番详细调研，不经过一番周密策划，仅仅在普通标题后面添加问号，是没有意义的，更不会带来任何效果。相反，如果经过了周密的计划，认真的策划，那么自然能有梅花的香味扑鼻而来。

优质的疑问型标题具有一定的神秘感，能够激发读者探索未知领域的好奇心，会让读者产生继续阅读全文的强烈渴望。这就需要运营者仔细观察生活，善于发现读者的兴趣点。有了这些素材后，创作一个处处有伏笔，具有趣味性和启发性的疑问型标题也就不是难事了。

2.1.2 创业邦：《要实现财务自由，30岁之前应该做哪些准备？》

"创业邦"是创业型公众号中的杰出者，是一个致力于向读者分享创业案例、让读者学习创业经验、向读者推荐创业项目、为怀揣创业梦想的人提供帮助和服务的一个公众号。从优质公众号文章创作情况来看，这个公众号的成绩也是相当优秀。它推送的文章中有不少文章的阅读量达到了10万+，这里以其中一篇标题为《要实现财务自由，30岁之前应该做哪些准备》的文章为例进行分析。

在这个标题中，运用了"财务自由"这一概念。这个概念并不是首次提出，但是，对于"财务自由"的解释可谓五花八门。因此，从这个词的内涵上讲，其具有较强的生命力和吸引力。由此看来，这篇文章能成为优质公众号文章，也就不难理解了。这也告诉了公众号运营者们，在拟定推文名称的时候，可以考虑内涵较为深广的词，只要运用得好，就能借其让公众号大放异彩。

从符号的运用来看，这个标题还使用了问号，这个问号表示了一种发问的方式，也是在警示读者，引发读者思考。当读者看到标题后，不禁会想："什么是财务自由？怎样实现财务自由？我能实现财务自由吗？30岁之前应该做哪些准备？"（见图2-1）。每个人都希望自己能够财务自由，而不是庸庸碌碌一辈子。

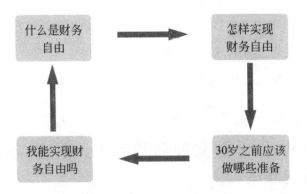

图2-1 读者看完标题后的心路历程

2
标题符号：那些简单有效的吸睛符号

事实上，这也是对心理学知识的一种应用。从心理学角度来看，这叫作趋同心理，指的是读者希望自己的情况能与大众的情况趋同，至少也是接近，而不是有较大差距。读者一旦觉察到自己的情况可能与大众的情况差距很大，读者就会出现紧张不安的情绪，会想方设法拉近自己与大众之间的差距。

这种情况下，读者会非常关心与之相关的消息，希望能从中找到行之有效的方法，具体的表现就是查看相关信息。所以，当"创业邦"的这篇文章推送后，获得了很高的阅读量。

对于公众号运营高手来说，他们非常善于抓住读者的心理，并由此作为切入点，直击读者的痛点。通常来说，这样的推文才是最容易打动读者的。问号在其中的作用就是，向读者提出问题，引发读者思考。以"创业邦"的《要实现财务自由，30岁之前应该做哪些准备？》这个标题为例，如果运营者不使用问号，那么这句话的询问性也就没有这么强烈了，想要起到引发读者思考的目的也就不会如此明显了。

事实上，一句话能引发读者的思考，才能引起读者的注意，从而达到预设的目的。对于公众号运营高手来说，他们有一个判定标题优劣的方法，那就是读者的共鸣情况。一个标题让读者产生了较强的共鸣，可以说这个标题较好，反之，则不然。比如《做公益，如何盈利不饿死？》这个标题非常具有吸引力，因为公益问题越来越受到重视，但是传统观念认为做公益就意味着只有付出，没有回报，这让很多想做公益的人望而却步。如果能将公益与盈利相结合，这样的公益就不会有人拒绝。尤其是标题末尾问号的使用，一方面契合了读者对这个问题的思考；另一方面引起了读者的共鸣。

并不是所有标题都应该在末尾加上问号，疑问型标题虽然有它的优势所在，但也是针对特定情况而言。如果使用恰当，则会增强与读者之间的互动性，引起读者的注意，否则，问号的使用将毫无意义。

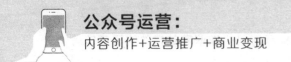

2.2 数字型:在标题中使用阿拉伯数字

第二种能增强标题吸睛效果的是数字型标题,即在标题中使用数字。一般情况下,数字指阿拉伯数字。在纯文字标题中使用数字,能给人耳目一新的感觉,从而吸引读者的注意力。相对于纯文字内容,简单干脆的数字反而能给人更加清晰的感觉。一些工具类的公众号推送的文章较为实用,如果用诸如"某某的5种方法""6条关于某某的建议""关于某某未来发展的3种趋势"类型的标题,无疑能大大为之加分。

2.2.1 海报网:《学会这3招,让你短发留长不再尴尬!》

数字型标题的效果究竟如何,可以通过案例来说明。在此,我们选择的是来自"海报网"的一则标题。"海报网"是一个专注于时尚的公众号,致力于为读者提供各种最新的时尚消息,包括发型设计、服装搭配、彩妆趋势等。对于追赶时尚潮流的读者来说,"海报网"就是一个时尚风向标。

时尚圈曾掀起一股短发热潮。在这股热潮的影响下,有很多人加入了剪发队伍。霎时间,行走在大街小巷中的人们都顶着一头短发。那段时间的朋友圈中非常流行一句话:"还这个春天一个短发"。然而,剪头发的时候很爽快,一气呵成,再想将短发留长,就是一个非常漫长的过程了。

针对这个问题,"海报网"推送了一篇《学会这3招,让你短发留长不再尴尬!》的文章。这篇文章发出后,其阅读量迅速达到了10万+。毫无疑问,这是一篇优质公众号文章。当然,优质公众号文章不是轻易就能造就的,这个原因需要我们分析和学习。

2
标题符号：那些简单有效的吸睛符号

总结来看，成就这篇优质公众号文章的原因有三个，如图2-2所示。

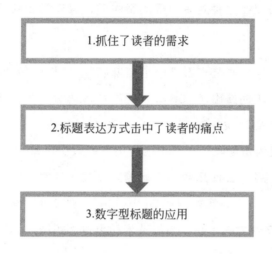

图2-2　成为优质公众号文章的三大原因

首先，关于读者需求的问题，我们在谈及这篇文章的来源时就讲过了。正是因为读者有了需求，"海报网"才会策划出这样一篇文章来。也正是因为读者的需求，才促使读者去阅读这篇文章，文章的阅读量才会一升再升。因此，要想创造出优质公众号文章，前提是要了解读者当下最迫切的需求。

其次，从标题的语言组织形式和表达方式来看，这也是其成功的原因之一。在这个标题中，运营者很明显地告诉读者，短发留长过程中的尴尬问题是可以有效解决的。而且，不用去其他地方寻找，这篇文章中就能找到。如此铿锵有力的表达方式，怎么能让读者不为之心动呢？标题的语言组织方式与表达方式，在一定程度上会决定整个标题向读者传递的感觉。如果标题能让读者信服，那么读者才愿意继续阅读文章的内容。反之，如果标题都不能击中读者的痛点，再好的内容也难以得到读者的青睐。公众号运营高手最擅长的就是抓住读者的痛点。

最后，这个标题属于数字型标题。运营者在标题中使用了阿拉伯数字"3"，明确告诉读者只需要简单的3招，就能帮助读者摆脱短发留长的

公众号运营：
内容创作+运营推广+商业变现

尴尬。与短发留长过程中的尴尬以及其他复杂方法相比，"3招"是非常简单又实用的方法。在这种宣传口号的影响下，读者怎么会不去点击查看原文呢？

母婴类公众号的典范当数"小小包麻麻"。凭借优质的内容输出，"小小包麻麻"曾一年创造出了196篇10万+的优质公众号文章。因此，当它转型为内容电商的时候，创下了月入3000万元的成绩。正因为如此，"小小包麻麻"也成为母婴类公众号与内容电商的效仿对象。在"小小包麻麻"发送的推文中，经常会使用数字型标题。比如《亲测有效！让宝宝食欲大振的6大诀窍》《一个职场妈妈的24小时》《一共9种，家里致命危险排行榜》《包妈亲测7款大牌米粉，看后选米粉再也不纠结！》。

很明显，以上标题无一例外地使用了阿拉伯数字。而且，运营者是用数字将标题中所要表达的重点内容表示出来了，当然，也是文章中要讲述的重点内容。这种做法像画重点一样，让读者能一目了然地看到运营者所要表述的关键。不仅节省了读者的思考时间，更是深深地吸引了读者，最终让读者情不自禁地继续往下阅读。

在纯文字型的标题中加上数字，能大幅提升标题的说服力。这种省心省力的标题创造方式，还有什么理由拒绝呢？

2.2.2 教育百师通：《班主任提醒：微信群里，别做这5类招人烦的家长！！！》

我们之前提到过的教育类公众号"教育百师通"，不仅善于创造具有紧迫感的标题来吸引读者的注意力，对数字型标题的利用也游刃有余。大概这就是"教育百师通"能在众多教育类公众号中脱颖而出的原因吧！

"教育百师通"曾经推送过一篇《班主任提醒：微信群里，别做这5类

2 标题符号：那些简单有效的吸睛符号

招人烦的家长！！！》的文章。从这篇文章的标题来看，它引起广泛关注的原因至少有两点：第一，契合读者广泛使用微信及微信群进行交流的事实；第二，数字的应用。

移动互联网的发展，让越来越多的人使用微信等社交工具进行交流沟通。微信群的出现，则实现了多人同时在互联网上实时沟通的设想。由于打破了时空限制，这种沟通方式也越来越多地被应用到各种场合。其中，学校与家长之间的沟通，就是一个典型的应用场景。

这种便捷的沟通方式，不仅实现了老师与家长之间的实时对话，也为广大家长创造了一个更好的交流平台。然而，一些不愉快的事情也发生了。有些家长可能由于性格原因，不太注意说话的场合，导致说出来的话让其他人感觉不舒服，甚至厌烦。显然没有人希望自己招人烦。可能有些家长自己也没有意识到说出来的话会令人反感。这个时候，如果他们看到这样的标题，其注意力自然会被吸引。他们会想："我也是微信群中的一名家长，我是不是招人烦了呢？"为了对自己的行为进行检测，他们必定会点开标题阅读正文。

运营者在标题中使用了"5类"。这就告诉家长们，令人厌烦的人不止1类，而是有5类，说不定一不小心你就成为这5类人之一。从效果的角度来看，可以说这是一个富有诱惑力，同时具有神秘感的标题。为了了解哪些行为会招人烦，也为了不做一个招人厌烦的人，读者会非常乐意花几分钟时间来阅读文章的。

锁定目标受众，为之创造具有诱惑力、神秘感、实用性的标题，以此来引起读者的共鸣。通常情况下，这样做能得到读者的关注以及大量的转载。值得注意的是，数字型标题指的是使用阿拉伯数字，而非大写数字。因为在标题中使用数字，不仅要达到一种解释说明的作用，还要起到强调效果。如果选择大写数字，则难以起到强调作用。

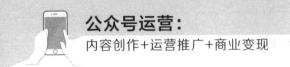

2.3 推荐词汇：特殊标志，重点突出

使用推荐词汇搭配特殊醒目的形式，也是增强标题吸引力的一种方法。推荐词汇用类似"【 】"括起来，就为标题加上了一个特殊的标志，使标题重点更加突出，读者的注意力也就更容易被吸引。这种方法不仅仅在公众号的标题中被广泛使用，在微博、新闻等信息展示中也会经常使用。下面我们就来看看这种符号的具体作用及其使用方法。

2.3.1 使用推荐词汇的三个要求

各大内容平台通过输出优质的内容积累了一定粉丝后，就纷纷开始寻求内容变现的方式。其中，广告投放逐渐成为比较受欢迎，也比较常用的方法。这些内容平台为了增强客户的广告投放效果，策划了推荐词汇功能。其具体做法就是，使用诸如"【 】"的符号起到强调突出的作用。

经过实践证明，这的确是一种效果较为明显的方法。在如今这个信息泛滥的时代，信息生产者都试图以标题来吸引人，这就导致了标题的趋同现象。显然，在这种情况下，标题也很难再具有较强的吸引力了。因此，为了应对这种情况，也为了让自己的标题更醒目，有人策划出了推荐词汇的功能。使用该功能的结果最终出乎了人们的意料。

随着推荐词汇的效果越来越明显，使用推荐词汇的场所也越来越多。在公众号平台也出现了此种类型的标题，比如《【号外】第一次谈恋爱时，你是不是也这样》。如果不看"【号外】"，这就是一个非常普通的标题，而且许多内容平台都使用过类似标题。换句话说，如果仅有该标题的后半部分，它是无法起到吸引人的作用的。但是，加上"【号外】"后，情况就变得不一样了。这就相当于为一个普通标题进行了包装一样，结果就是让其重新焕发出活力。它以一种新的形象出现在公众视野后，给了读者不一样的感觉。另外，公众号运营高手还会将正文内容重新策划，让正文内容与标题更契合。

使用推荐词汇主要是为了创造一种新的标题形式，以一种全新的、与众不同的形象展示在读者面前。当读者看惯了千篇一律的标题，突然看到一种具有新意的标题后，其注意力将较容易被吸引到。

事实上，推荐词汇型标题并不意味着都要使用"【号外】"这种形式，能起到强调作用的特殊符号都可以使用。符号内搭配的词语也可以是其他内容。如今使用较多的是"实用""趣味""搞笑""资讯"这类能点出文章性质的词语。

总而言之，不管运营者使用何种符号或者使用哪个词，都应该遵循的规则是，选词要准确，要具有新意，同时要让读者感到舒服。推荐词汇缺乏新意，是没有效果的。而让读者看起来别扭的形式，不仅不会起到吸引作用，反而会吓走读者。

在标题中使用推荐词汇的要求如图2-3所示。

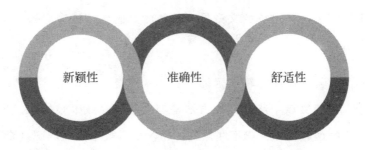

图2-3 在标题中使用推荐词汇的三个要求

不论是公众号运营高手还是新手，在使用推荐词汇创作文章标题时，都需要从图2-3所示的三个要求出发。实际上，正是因为有些运营者始终坚持这三个要求，才助推他们成为公众号运营高手。

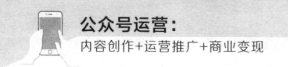

2.3.2 人民日报:《【实用】万万没想到,电吹风还有这些用法,太神奇~》

作为最具权威性的新闻报刊之一的《人民日报》,在新媒体日益成为时代主流的形势下,也推出了电子版报刊。从内容上来看,还推出了除权威性、专业性新闻以外的生活性文章。其阅读量在10万+的优质公众号文章也不在少数。一篇《【实用】万万没想到,电吹风还有这些用法,太神奇~》的文章,这篇看似普通的文章,收获了大量点击。自然,这其中有值得我们探究和学习的地方。

首先,从它的标题形式来看,这是一个使用了推荐词汇的标题。推荐符号的使用让这个标题非常醒目。因此,在众多标题中,读者更容易被这个标题吸引。这是推荐符号的优势所在。

其次,该标题的推荐词选择的是"实用"。这是一个表明文章性质的词汇。而且,这个词汇与文章标题的整体性质是匹配的。它在表明文章性质的同时,也向读者暗示,这是一篇能为实际生活提供指导意义的文章。显然,对于读者来说,这样的文章是有价值的。因此,读者会被"实用"这一标签吸引。

最后,运营者还在标题末尾加上了"太神奇"三个字,这又进一步暗示了读者,这篇文章中所介绍的方法是与众不同、效果较好的。凡是对生活存有激情的读者,都会忍不住点开标题,去了解电吹风的"神奇"用法,阅读量想不升高都难。

前面介绍过,推荐词汇的选择要准确。所以,运营者在使用这种方法的时候,一定要对推荐词汇反复斟酌,选择一个最为准确的词。如果推荐词汇不够准确,或者与正文内容相比过于悬殊,即使读者这一次被你的推荐词吸引到，以后也不会再相信了，得不偿失。

运营者不要拘泥于文中所提到的推荐词汇的选择方法。只要与文章的匹配度高，具有一定的吸引力，都能作为推荐词，比如"【益智仁】益智仁的功效与食用方法""【图文解说】电脑键盘上各个键的作用""【趣味】妈妈带孩子与奶奶带孩子的区别"等。第一个标题中的推荐词"益智仁"是文章中主要介绍的对象，第二个标题中的"图文解说"是指内容讲解的主要方式，第三个标题中的"趣味"传达的是文章的一种性质。

由此可以看出，推荐词的选择可以是多种多样的。但是，不论如何选择，准确性是最基本的要求。

2.4 如何体：发问后，讲方法

在公众号运营高手发布的推文中，还有一种较为常见的标题形式，就是"如何体"。具体来说，就是标题以"如何"二字开头，达到一种发问的效果，从而引起读者注意。为了解答读者的疑惑，运营者通常会继续在文中介绍有关解决所提问题的方法。这也是如何体标题与疑问型标题的一个不同之处。另一个不同之处是如何体没有问号。尽管两者有一些不同之处，但是其使用效果都是非常好的。

2.4.1 如何体的三个要点

对于《画龙点睛》的故事，我相信大家都非常熟悉。如果这个故事发生在新媒体时代，那么它是这样的：有一位小有名气的作家，为了适应时

公众号运营：
内容创作+运营推广+商业变现

代发展的潮流，注册了一个微信公众号，之后他每天都兢兢业业在公众号中推送自己的作品。然而，公众号的粉丝数增长缓慢，点击查看文章的人数更是少得可怜。

后来，他去请教一位拥有大量粉丝、经常写出优质公众号文章的朋友。朋友看了他的文章后说："你的文章标题没神，不具有吸引力。所以，回去好好练习怎么写标题吧！"听了朋友的话，这位作家又阅读了一些创作优质公众号文章标题的方法。此后，他推送的文章不仅内容具有价值性，标题也十分具有吸引力。于是，公众号的粉丝数也就迅速往上蹿了。

对于运营者来说，为推文拟定一个合适的标题，犹如画龙点睛一样重要。

这篇阅读量10万+的文章《如何从零开始成为营销技术专家》就是典型的如何体标题的应用。读者看到这样的标题后，会情不自禁思考：究竟如何做才能成为营销技术专家呢？此时，如果还未曾达到专家级别的读者，就会希望从文章中得到一些实用性的指导。已经成为专家级别的读者，则想看看文章中的方法究竟是否专业。所以，尽管读者身份不同，但他们最终都会不约而同地阅读这篇文章。

如何体标题能引发读者思考，这一点与疑问型标题的功能相似。比如，"如何实现望子成龙的目标""如何开车最省油""如何化出一个清爽的裸感淡妆"，当读者看到这样的标题时，内心深处的疑惑或者一直得不到有效解决的问题，都会被想起来，让读者再一次想方设法地去解决。

这个时候，读者希望能找到一种简单有效的方法来解决这个问题。所以，读者会抱着尝试的心态来阅读文章。这样一来，文章的阅读量也就上升了。使用这种方法的时候，运营者需要注意三个要点。

① 对目标读者进行分析。以上列举的三个标题，所对应的是三种不同身份的读者。不开车或者没有车的读者，他们很难被"如何开车最省油"

这样的标题所吸引到。同样的道理，不是孩子的家长，也难以被"如何实现望子成龙的目标"这样的标题所吸引。

② 对读者当下的痛点进行分析。因为油价不断上涨，所以司机们才会思考如何省油。如果汽油非常便宜，这样的标题就失去了作用。读者的痛点也就是读者当下最关心的问题，是读者想要解决而暂时解决不了的问题。将这样的话题用如何体表达出来，作为文章的标题，再合适不过了。

③ 运营者还需要在正文中给出可行的解决方案。读者被如何体标题吸引后，会查看文章内容，希望从中获取有用的信息。如果读者看完文章后，发现并不能达到自己的目的，他们可能不会再信任该公众号，甚至对此类标题都会产生反感情绪。

如何体标题虽然具有一定优势，但使用时还需要谨慎。使用得当，则能起到积极作用。反之，则是白费工夫。按照以上思路进行思考，基本不会出现大的偏差。

2.4.2 男装：《如何获得你的爱情》

2018年11月12日，受到众人瞩目的天猫"双十一"狂欢节再一次交出了一份令人满意的答卷。2135亿元的成交额，再一次向人们展示了互联网电商的巨大潜能，也让有志于进军电商界的创业人士更加坚定了自己的想法。这里我们不讨论如何在电商领域站住脚，只来看电商领域从业者是如何为自己的产品进行宣传的。

在如今的内容电商阶段，想要吸引读者，仅仅靠产品本身远远不够。电商运营者们也意识到了这个问题。于是，在店铺上新或者店铺促销的时候，运营者会提前向读者输出内容，用优质的内容来吸引读者，感染读者。这与公众号推文是一样的道理，因此运营者也会十分注重标题的拟定。

有一家经营男装的店铺,在其产品上新的时候,运营者撰写了一篇宣传软文《如何获得你的爱情》。软文发布后,新品的预售量超过了去年同期总销量的26.3%。因为产品并未正式开售,所以只有预售量的数据可供参考。事实上,这组数据足以说明我们所要阐述的问题。

这家店铺能获得如此高的预售量,应归功于标题的拟定。这是一个典型的如何体标题,使用"如何"二字,激发读者思考。从标题的整体来看,这又是一个充满趣味性的标题。对于即将上大学的读者和正在上大学的读者来说,获得爱情是一件可遇而不可求的事情。因此这个标题具有较强的吸引力也就不难理解了。

创造如何体标题的时候,可以根据需要在其中添加趣味性因素。趣味性往往能够冲淡如何体带来的严肃性,即便运营者提出的是一个较为严肃的问题,也不至于让读者感到过分压抑和紧张。相反,如果缺乏趣味性的话,可能会引起读者的反感。

读者选择关注某一公众号,或者查看某一公众号中的推文,更希望看到较为愉悦、同时又能让自己有所收获的内容。如果运营者将气氛营造得过于严肃,让读者看到标题后,产生了自卑感或者压力感,那么读者可能不会去阅读正文。

公众号运营高手经常会站在读者的角度思考问题,设身处地为读者着想,这样做往往能取得读者的信任,打造出优质公众号文章。

标题符号：那些简单有效的吸睛符号

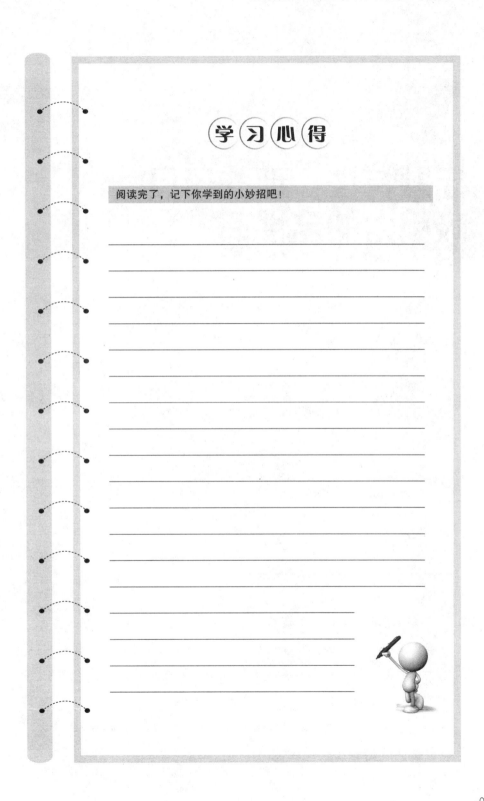

3

标题特性：那些极具吸引力的定性词

　　让自己的推文成为优质公众号文章，这是每一位公众号运营者梦寐以求的事情。要想创作优质公众号文章，首先需要从标题入手。前两章介绍了需要遵循的标题创作原则，并使用一定的特殊符号，本章将介绍如何让标题具有一定特性。标题的特性包括私密性、权威性、专业性、急迫性、稀缺性五种，下面介绍如何为标题赋予这些特性以及这些特性的作用。

3

标题特性：那些极具吸引力的定性词

3.1 私密性：越是不让知道，越要一探究竟

私密性是一种最为常见的标题特性，它针对的是读者"越是不让知道，越要一探究竟"的好奇心理。所以，当读者看到具有私密性的标题时，内心往往会产生一种较强的探索欲望。而这种欲望最终会化为行动力，推动读者去点击查看原文。那么究竟如何为标题赋予私密性呢？答案是通过设置让人欲罢不能的定性词来实现这一目标。诸如"独家爆料""揭秘""内部方法"，都属于定性词。

3.1.1 留下悬念，让读者不得不看

好奇心理或者猎奇心理是每个人都会有的。而且，人们往往会在无意识间展现出这种心理。私密性标题其实是一种契合读者心理需求的标题。当读者面对这种标题时，其注意力与兴趣都会被调动起来。这样一来，读者点击阅读此类标题的可能性也就大大增加了。

比如，当你看到《老板不让说，只是怕你离职》这个标题的时候，你会想到些什么？我想，对于大多数职场人士来说，他们肯定想到的是："究竟老板不让说的内容是什么？这些不让说的内容是不是对我不利呢？"于是，在这种好奇心的驱动下，读者会情不自禁点开标题，一探究竟。

诸如此类的标题不在少数。比如在互联网上常常能见到的标题有《爆料××旅行社黑导游事件的起因》《传"饿了么"完成3.5亿美元E轮融资，估值超过10亿美元，CEO已发内部邮件》《清华校长履新前最后演讲：平庸与卓越的差别》。这些标题涉及的内容属于多个行业，但是它们无一

例外地具有私密性特征。事实上使用了这种标题的文章都获得了较高的点击量。

可能大家都有过这样的体验，当走在大街上的时候，看到一个很优雅或很帅气的背影，就会情不自禁地想看看这个背影到底属于谁。从心理学的角度来看，这就是一种猎奇心理。回到我们的公众号推文中，其实我们的标题就相当于"背影"。如果"背影"变得优雅或帅气，那么也就能勾起读者的猎奇心理，从而获得读者的关注。

具体来说，要想增强标题的私密性，运营者除了可以使用一些定性词外，还能使用带有悬念的表达方式，简单速成的方法就是在标题中加入省略号。将本来要表达的内容用省略号代替，为读者制造出多种可能性，这样也就留下了悬念，让读者不得不去点击标题打开文章，探究问题的答案。

3.1.2　占豪：《好消息！这几类人的工资要涨了！》

"占豪"是一个擅长创作具有私密性标题文章的公众号。这个公众号推文涉及交流投资、财经、国际时事、哲学、国学与文化等多方面的内容，其优质公众号文章的创作数量也非常了得。这里我们挑选了"占豪"的《好消息！这几类人的工资要涨了！》一文进行分析。

如果说这个标题与上一节介绍的标题有相似之处，那就是两者针对的受众群体都是职场人士。毫无疑问，对于职场人士来说，涨工资是一件非常令人兴奋的事情，所以这个话题本身就切中了读者痛点，对读者具有一定的吸引力。而标题中只说了"这几类人的工资要涨了"，并没有明确指出是哪几类人，这就会引发读者的猜想，令读者感到好奇。

运营者要想利用私密性标题达到涨粉目的，同样需要先对受众群体进行分析。就算标题的私密性再强，如果读者对其中提到的问题根本不关注，

3
标题特性：那些极具吸引力的定性词

这种做法也是没有意义的。对读者群体进行分析，明确其需求以及好奇点所在，并以此为依据进行标题创作。这样创作出来的标题基本能达到预期的效果。

苹果手机无疑是手机品牌中的佼佼者。不仅果粉遍布全世界，其口碑在业内也很非常好。苹果手机之所以能创下如此辉煌的成就，不仅与其质量有关，更与其营销方式有关。苹果手机的营销有自己独特的方式，其中也利用了消费者的好奇心理。每年在苹果新品发布之前，网络上会出现各种版本的新品预告消息。比如，苹果7在发布之前，就受到了人们的广泛关注，于是网络上开始出现苹果7概念机的猜测，比如苹果7将新增防水功能、出现双摄像头、取消耳机接口、取消背部天线白带、改进home键、机身更纤薄等。对于消费者的猜测，苹果官方既没有否认，也没有承认。就这样让大家猜测着、好奇着，始终对新品保持着较高的关注度。有一组数据可以说明这一做法的结果，苹果新品发布会之后，尽管苹果7并未立刻在中国市场销售，然而已经有大量消费者开始在各种电商平台中进行预订。

苹果手机的质量很好，功能也很先进，但对于很多人来说，他们根本不会使用到那么多功能。那为什么这些人还是热衷于购买苹果手机呢？我想，这多少与苹果手机的营销方式有关。早早就放出消息，引起消费者的好奇和关注，从而保持与消费者之间的黏性。当消费者看到自己好奇已久的产品出现时，即使不是十分需要，也想要拥有它。这更多的是对好奇心理的一种慰藉。

3.1.3 摆渡人：《男人不愿为你花钱的真相！》

"摆渡人"曾经推送过一篇文章《男人不愿为你花钱的真相！》。这也是一篇得到不少关注的文章。从这个标题我们至少能得到两个信息：第一，这篇文章的受众是女性读者；第二，这是一个具有私密性的标题。一般来说，这样的话题是闺蜜之间交谈的内容，是不会向外人透露的。换句话说，这个标题的私密性来自于该事件本身。

在这个标题中，"真相"二字就是一个定性词。一说到真相，就意味着实际呈现出来的事件不仅不具有准确性，反而有一定的欺骗性。在这种情况下，读者也就更好奇事情的真相，更想去一探究竟，最终实现点击行为。

如果仔细探究的话，这个标题还有一个成功之处，就是它让读者有极强的参与感，会让读者情不自禁地对号入座。

总结来看，优质的私密性标题具有三个特点，如图3-1所示。

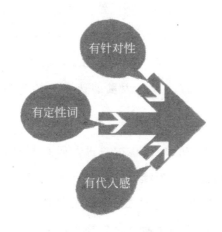

图3-1 优质的私密性标题所具有的三个特点

此处提到的"有针对性"，简单来说可以将其理解为"有用性"。内容对读者有用，读者才愿意花费时间与精力去了解它。否则，每个人的时间都非常宝贵，没有人愿意白白浪费时间。

在标题拟定包括公众号运营中，并非运营者找不到对读者来说有用的内容，而是运营者没有设身处地从读者的角度出发去思考。有人曾写过一篇《女人到底要什么样的惊喜？》的文章。这篇文章最终获得了10万+的阅读量。这显然是针对男性读者而写的。标题给读者的潜台词就是：如果你不懂女人，总是追不上自己心仪的女人，那么这篇文章对你是有益的。读者也会在这种"有用性"的暗示下阅读文章的。

比如淘宝网每到节假日或者换季的时候，就会打出诸如此类的广告："今年春天流行什么？全在这里了""十一出游怎么穿，快快点击查看吧！"。事实上，每个读者都会有穿衣搭配的需求。这样的标题就是在暗示读者：你所需要的，我全都给你准备好了，赶紧点击查看吧！试问，读者又怎么会拒绝这样周到又贴心的内容呢？

所以，你与公众号运营高手之间相差的是对读者需求的探索。如果你能坚持以有效的方法指导自己的运营活动，坚持不懈地探索读者不断变化着的需求，那么你也能创作出阅读量10万+的文章，也就离成为公众号运营高手不远了。

3.1.4　创业邦：《偷偷超过了华为和小米，他才是真正的人生大赢家！》

作为创业领域具有代表性的公众号，"创业邦"在本书已经被多次提及，这也说明了它确实是一个优秀的公众号。的确，在创作私密性标题方面，"创业邦"值得广大运营者学习。

"创业邦"曾经推送过一篇《偷偷超过了华为和小米，他才是真正的人生大赢家！》的文章。这是一篇阅读量10万+的文章。从整个标题表现出来的特性来看，这是一个私密性的标题。标题中"偷偷"二字是定性词。

众所周知，小米、华为是手机行业中的佼佼者，尤其是在国产手机排行榜中，无疑是领军品牌。然而，此标题说"偷偷超过了华为和小米"，这不禁引起了读者的好奇心，让读者产生了阅读兴趣。而且，标题中使用了定性词"偷偷",意味着这一品牌是暗中发力,最终大获全胜。

此外,这个标题还向读者传递了一种思想,即小米和华为是能够被超越的。这对于有意进军手机市场的读者来说,无疑是获得了巨大的希望。就冲这一点,读者也十分乐意去阅读文章。

当然,标题如此具有吸引力,内容也要确保其质量。标题的作用是吸引读者,最终留住读者的还是优质的内容。当读者被内容征服后,才会渐渐对公众号形成信任感和忠诚度。

吴晓波频道是财经类公众号中的典范,这个拥有超过200万粉丝的公众号,成为运营者们不断探索和效仿的对象。吴晓波频道的粉丝不仅绝对数量大,其质量也非常高。我们举一个事例进行说明。2016年3月,吴晓波带着自己的杨梅酒亮相成都举办的春季全国糖酒商品交易会。随后,他在吴晓波频道开始售卖这款名为"吴酒"的杨梅酒。在短短33个小时内,限量发售的5000瓶吴酒售罄,入账近100万元。如果粉丝对其信任度不高,显然不会购买他的产品。这足以说明吴晓波凭借输出优质的内容,已经征服了读者,让读者无条件地信任他、支持他。

吴晓波频道的定位是财经类,因此他在公众号中推送的都是与财经相关的内容。保持专业性的吴晓波频道,也保证了其在读者心目中的识别度。

吴晓波频道的高质量内容是保证其立足于公众号的基础。吴晓波频道的文章标题也是十分具有吸引力的,比如《这俩"80后"匠人告诉你,将爱好作为工作是什么感受》《你可能不知道,这些中国品牌在国外有多受欢迎》《史上最大的理财骗局,读懂它你就读懂投资》。

仅从这些标题来看,文章就具有较强的吸引力。事实上,诸如此类标题在吴晓波频道中可谓数不胜数。2017年1月3日,吴晓波频道运营公司完成了A轮融资,融资额为1.6亿元。融资后,这家依托自媒体发展起来的创业公司估值20亿元。根据新榜提供的数据,这是目前国内同类型公司中，公开数据里估值最高的。

好的标题可以成就一个优质的公众号，而一个优质的公众号则可以成就一家创业公司。由此看来，拟定一个好的标题的重要性也就不言而喻了。

3.2 权威性：胜者为王，相信即成现实

除私密性外，权威性是另一种可以征服读者的标题特性。所谓权威性标题，是指在标题中用专家、名人的名号，或者借用他们所发表的观点或言论。能称得上专家、名人的人都是在某一领域具有一定成就的人。因此，他们的观点或言论也就具有说服力和信服力。当读者面对这样的标题时，往往会由于对名人的膜拜和崇敬，进而对标题以及整篇文章也产生强烈的认同感。

小米科技公司的创立者雷军，被米粉们亲切地称作"雷布斯"。随着小米手机逐渐深入人心，小米手机的互联网营销模式也让很多人折服。从此，雷军成为一个互联网营销专家的代名词。当《听雷军亲口说：互联网思维》这样的标题出现在公众面前时，其阅读量十分可观。

我们可以从雷军的履历中得知，他在创立小米科技公司之前就是一名互联网达人。他在大学四年级的时候与两名同学共同创办了一家名为三色公司的软件公司。期间，他与同学合作编写的一个加密软件获得了湖北省大学生科技成果一等奖。

1992年，雷军加盟金山公司。1998年，雷军担任金山公司的总经理。2011年，雷军正式接掌金山软件。2010年，雷军与六位互联网顶尖牛人共同创办了小米科技有限公司。从学生时代就表现出超强的互联网能力的

公众号运营：
内容创作+运营推广+商业变现

雷军，在小米公司的经营中继续发力，将小米做成了国产手机代表品牌，改写了国产手机的历史，更是将互联网思维很好地融合在了产品的营销中。

以这样一位互联网达人的名字作为标题，又怎么能不吸引读者的关注呢？这就是对权威性最好的诠释。在这个信息泛滥的时代，读者不是苦于没有信息可看，而是苦于难辨这些信息的真伪，浏览"假消息"不仅浪费时间，还可能对自己造成不利的影响。

刘大爷是上海的一名退休工人，患了骨质疏松症。这虽然不是特别严重的疾病，但对刘大爷的行动造成了一定影响。尤其上下楼梯让刘大爷感到非常痛苦。所以，刘大爷特别希望能找到缓解这种症状的方法。有一天，刘大爷在手机上看到："每天用虾皮和菠菜熬汤喝，可以缓解骨质疏松症。"于是，刘大爷就照做了。

喝了一段时间菠菜虾皮汤后，刘大爷又在手机上看到一篇文章《五种最容易误搭的菜品，你中招了吗？》。刘大爷怀着好奇心点开了标题，结果文章中列举的第一种误搭菜品就是菠菜虾皮汤。文章中说，菠菜含有草酸，而虾皮含有丰富的矿物质，包括钙化物，这两种食品搭配在一起容易形成草酸钙，它会沉淀在人的肠胃中形成结石。看完这则消息后，刘大爷迷茫了。

这种情况很多读者都遇到过，这些信息让读者不知所措。读者本希望能从网络中得到一些有用的信息，或者给自己答疑解惑，结果却让自己更糊涂了。长此以往，读者也就不敢轻易相信此类消息了，他们渴望有专家来证实消息的准确性。

从心理学的角度看，权威性的吸引力是可以得到验证的。一名来自美国斯坦福大学心理学系的教授曾经做过一个实验，他在为学生授课的时候，对学生说："我们学校新聘请了一名来自德国的化学系教授。这位化学系教授发现了一种新的气体，它有着淡淡的香味。"说完，心理学教授便掏出了

3 标题特性：那些极具吸引力的定性词

一个透明的玻璃瓶，他告诉学生这是化学系教授送给他的。接着，他小心翼翼地打开了瓶盖。当他问是否有同学闻到了香味的时候，所有人都给予了肯定的答案。

其实学生们闻到的不是来自气体的香味，而是无条件地相信了化学系教授的权威。仔细想想，我们在日常生活中也是如此。我们买手机的时候会首选名气较大的品牌；我们买电脑的时候也会首选知名品牌。这都是因为它们在领域内所具有的权威性，让读者选择无条件地相信它们。具体来说，增强标题的权威性可以从五个方面入手，如图3-2所示。

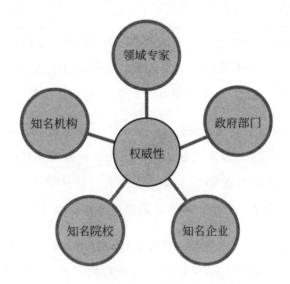

图3-2 增强标题权威性的五个切入点

比如《阿里、小米投资人谈2015年中国商业模式》《马云、潘石屹都是见完他之后成了富豪，今天就来扒扒他》《王健林的一天》等，这些都是耳熟能详的标题。正因为它们的效果极佳，所以屡屡被用到。

对于文章创作来说，设置具有权威性的标题只是一种辅助手段。真正想成为一名公众号创作高手，还得在内容创作上狠下工夫。

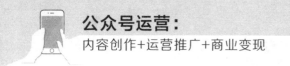

3.3 专业性：拿数据说话，拿干货说事

专业性是一种与权威性有着相似之处的标题特性，但是这两者之间也存在着区别。权威性更加强调名气或成就，专业性则更侧重于准确性和实用性。通常情况下，体现专业性会使用数据、干货等内容。来自专门机构的数据、具有实际指导意义的干货，都能够对读者的行为起到指导作用。所以，读者较容易被这样的标题吸引。

"SocialBeta"曾经推送过一篇《关于HTML5，营销人应该知道的概念、方法和推广完全实战指南》的文章。这篇文章不仅成了优质公众号文章，而且引发了一股学习HTML5（以下简称H5）页面制作的热潮。

前面已经介绍过，"SocialBeta"是一个专业度较高、影响力较大的社会化营销公众号。当它推出文章的时候，尤其是运营者还在标题中明确指出这是一篇"完全实战指南"，读者的注意力也就被吸引住了，读者的阅读兴趣也被调动起来了。显然，读者是被其中所体现出来的专业性征服了。

首先，H5页面制作本身是一种专业性较强的技能。如果关于该技能的话题是由一个不知名的公众号提出，或者它的标题中缺乏专业性的知识，可能很难获得较高关注，更别说引起一股学习潮流了。之所以会说专业性与权威性有相似之处，是因为它们都自带光环，更容易获得读者的信任。

其次，H5在营销中的优势逐渐显现出来了。有很多营销者借助H5进行营销，最终取得了出乎意料的成绩。比如，神州租车公司曾经发布过一个宣传神州专车的H5，它的标题是"史上最长加夜班"，通过列举加夜班者夜晚可能遇到的种种安全隐患和不便捷性，凸显了神州专车的安全性、舒适性、便捷性。其结果是，这份H5不仅起到了宣传神州专车的作用，

标题特性：那些极具吸引力的定性词

还成功地让读者对神州专车形成了一种信任感。这样一来，读者不仅会在加夜班的时候想到神州专车，在平时有需要的时候，也会选择神州专车。可以说，是这份H5让神州专车成为一种专业性的象征。

因为已经有了类似的成功案例，所以读者会认可这种营销方法。再加上由一个较为权威和专业的公众号提出这一问题，并且在标题中体现了极强的专业性，这篇文章成为优质公众号文章也就不难了。

最后，不仅标题给人一种专业感，整篇文章引用了大量的数据和案例，提供了大量的干货内容。读者能从中获取有用的东西并应用在工作中。

由于专业性往往会和枯燥联系在一起，所以为了激发读者的阅读兴趣，还可以考虑增强标题的趣味性以及整篇文章的趣味性。专业性与趣味性并不是不相兼容的东西，就好比一位优秀的演说家，也可以是一位幽默有趣的人，否则，演说家一直在进行说教式的演讲，他说的内容再有道理，也可能没人愿意听。

对于读者来说，尽管公众号可以作为一种获取知识的途径，但他们更愿意将其作为一个娱乐和放松的场所。否则，读者会选择不关注公众号，或是转而关注其他公众号。趣味性不仅可以作为吸引粉丝的一种方法，还具有较大的市场潜力。

3.4 急迫性：快速解决问题

商场促销经常会用的宣传标语如"五折优惠，最后一天""季末清仓大甩卖，买一送一，最后三天""前50名客户可享满500减200优惠"等。这些标语有一个共同点，即具有急迫性。

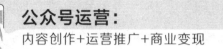

正是这种急迫性，给读者造成一种紧迫感。本来读者对促销商品不是十分需要，可以隔一段时间再购买。但是，因为这具有急迫性的宣传标语，让读者觉得"促销活动马上就要结束了，如果我现在不买，意味着过一段时间将要用更高的价格来购买。"所以，读者最终会购买自己并不十分需要的商品，而商家的促销目的也就达到了。

同样的道理，在公众号运营中也可以利用读者的这种心理。通过创作具有急迫性的标题，让读者对自己并不是十分感兴趣或并不是十分需要的内容重视起来。这样一来，打造优质公众号文章也就变得更容易了。

3.4.1 急迫性标题的三个要点

公众号运营高手不仅擅长创作能击中读者痛点的内容，还擅长让读者主动对他们创作的内容产生强烈的兴趣。这主要通过创作具有急迫性标题来实现。比如，有一个专注于英语培训的公众号，它推送了一篇《学会这些英文单词，你就可以在广告圈混了！》的文章。

这篇文章不仅获得了较高的点击量，还为该公众号吸引了不少读者。因为这个标题给人传递的感觉是，这篇文章罗列出来的英文单词十分实用，掌握了这些有限的单词，能让自己拥有在广告圈混下去的能力，所以，读者觉得这是十分值得阅读的内容。

像这种能够快速且高效地解决问题的措施，自然能让读者主动对其产生兴趣。但是，运营者不能打着为读者提供有用信息的幌子，却没有提供有用信息。这是标题党的惯用伎俩，是不值得提倡的。

如果深入探究的话，急迫性的标题可以包括两方面的含义，即运营者可以从两个方面入手为读者营造急迫感。一方面，可以利用当下最火、最热的趋势作为切入点，告诉读者再不了解或学习该种趋势就晚了；另一方

标题特性：那些极具吸引力的定性词

面，可以通过提供一种便捷、快速的高效方法，满足读者的急切需求。

前者主要是强调所提供内容的急迫性，让读者对此加强重视，从而去阅读它；后者则是满足读者的急迫性需求，让读者信任它，进而阅读它。虽然它们是从两个不同的角度出发的，但其效果相同。运营者可以根据实际情况加以选择。

不管运营者选择哪一种方式，需要注意的是，一定要对所要表达的内容进行高度总结和概括，最终将其凝结为一个具有急迫性的标题。毕竟，读者第一眼看到的只是标题。标题引起读者的急迫感，才能让读者有接下来的点击行为。

1. 运营者要为读者营造一种参与感

当读者觉得"这就是在说我""我正需要这样的内容""不关注该公众号是一种损失"的时候，说明所拟定的标题达到了预设的效果。读者是直接面对标题的，所以运营者在拟定标题时不妨采用第一人称。这样，读者在阅读标题的时候，就更容易产生代入感，从而参与到标题中，乃至整篇文章中。

2. 运营者在标题中多使用读者所熟悉的词语

即便内容中讲到的东西并非大众化，但是运营者可以用通俗易懂的方式将其表达出来，或者用读者所熟知的东西进行类比。这样能降低读者的理解难度，不至于让读者对此失去阅读的耐心和兴趣。比如运营者要讲众筹，可以将其表述为"收集大家的钱，来实现自己的梦，最终连本带利地偿还给对方"。经过这样一番解释，自然也就没有了阅读障碍。

3. 运营者要把握好标题的字数

16字原则是基本要求，字数过多或过少都不是明智的做法，这是由公众号推文的固定版式所决定的。在既定的版式中,标题只能显示有限的字数。字数过多则会发生折叠,导致呈现在读者面前的内容不完整,导致运营者精心设计的重点内容被折叠。字数过少不仅会导致问题无法表述清楚,还会影响整个版面的美观度。

3.4.2 央视财经:《【紧急】公安已提醒,本人也郑重申明,我的微信好友必须要看!》

运营者还可以通过添加推荐词汇的方式来增强急迫性。比如,"央视财经"曾经推送过一篇具有急迫感的文章《【紧急】公安已提醒,本人也郑重申明,我的微信好友必须要看!》。这篇文章一度成为朋友圈的热文,获得了很高的关注度。

毫无疑问,这个标题属于急迫感强烈类型,不仅整个标题给读者传递出一种强烈的急迫感,还在标题的开头使用了"紧急"这样的推荐词汇。可以说,这个标题让读者从看到它的第一眼开始一直紧张到看完这则标题,可以称得上是"史上最让人紧张的标题之一"。如果你是读者,会不会被它吸引并点击查看呢?我想,绝大多数人的答案是肯定的。

使用推荐词"紧急"明明白白地告诉读者,这是一则具有急迫感的消息。于是,读者的好奇心就被调动起来了,读者会情不自禁地思考:"如此火急火燎,究竟是什么消息呢?"同时,这个词语又会让读者不由自主地产生一种紧张情绪。在这种既好奇又紧张的情况下,读者也就忍不住要继续阅读整篇文章了。

推荐词"紧急"可以算作一个定性词。但是由于它处于标题的最前面,读者在看到它的时候,尚未看完整个标题,也没有弄清楚事件的原委,读者会被这个有点突如其来的定性词勾起好奇心。这样使用定性词是一种十分巧妙的方式,值得广大运营者学习和借鉴。

3
标题特性：那些极具吸引力的定性词

总体来看，增强标题的急迫感有四种可行方法，如图3-3所示。

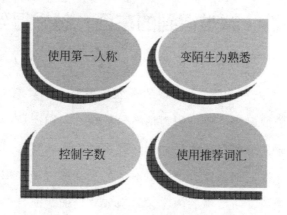

图3-3 增强标题急迫感的四种方法

急迫感是让读者产生紧张感，并不意味着要吓唬读者。如果运营者无中生有，通过宣扬不实的消息来吓唬读者，从而让读者产生紧张感的话，这种做法是不值得提倡的，甚至会给运营者带来麻烦。网络运营有相应的管理条例，造谣、诽谤是明令禁止的。一旦谣言对社会造成不良影响，会受到法律的制裁。

公众号运营高手必定是遵纪守法的运营者。危害社会、有违法律法规的内容，是所有运营者必须规避的。不打法律的擦边球，不涉及黄赌毒内容，以国家、社会的利益为重，这是运营者需要树立的基本价值观。

曾有个别公众号因利用名人效应发表不实言论或冒用名人姓名、肖像宣传产品构成侵权而被起诉，一旦上法庭，这个公众号基本也就结束了它的运营。读者从此不会再信任它，不会再关注它，更不会再阅读它推送的文章。这对一个公众号的打击可以说是致命性的。如果运营者不想让自己辛辛苦苦培养起来的粉丝离开自己，不想让耗费了自己无限心血的公众号毁于一旦，那么务必按照法律法规的要求开展运营活动，包括标题的拟定与内容的撰写。

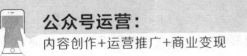

3.5 稀缺性：越难得到的东西，越想得到

俗话说："物以稀为贵"。稀缺的东西总是对人们具有较大的吸引力。比如，尽管售价很昂贵，但是因为钻石较稀缺，人们还是会花重金去购买它。优质公众号文章的打造也是如此，如果你的文章写得与普通读者写得一样，没有特殊性，那么读者就难以对你的文章感兴趣。相反，如果你的文章视角比较独特，所提供的内容又具有较高价值，而且在标题中就向读者传递了这样的思想，那么读者自然会蜂拥而至了，比如《脸书内部员工工作指南》。

脸书是一家大型的社交网络服务公司，在全球拥有超过10亿用户，2017年Brand Finance发布的《2017年度全球500强品牌榜单》中脸书排名第9。这样的公司从来都是人们关注的焦点，对于公司具体的治理情况，不少人都非常感兴趣。这篇推文利用这家公司本身的稀缺性做文章，满足了读者的好奇心。

石头有很多种，唯独钻石成为人人追捧的对象，这就是因为钻石的稀缺性。大街上随处可见的石头，人们也就见怪不怪了。而公众号运营高手往往能够从大量的普通石头中，找出隐藏在其中为数不多的钻石来。寻找钻石的过程非常艰辛，那么具有稀缺价值的优质公众号文章创作过程也并非易如反掌。

已经被很多人谈论过的话题、已经过时的内容，都是与稀缺性相左的内容。如果运营者想要打造具有稀缺性的标题，就应该避免这两个方面的内容。寻找具有稀缺性的内容并不是十分容易，但是一旦找到了，就能很轻易地打造出优质公众号文章来。

3
标题特性：那些极具吸引力的定性词

在稀缺性标题中也可以使用推荐词汇。用在此类标题中的定性词通常有"独家""绝密""最新消息"等。比如《【独家】新浪财经2015专访巴菲特》《【绝密】华为内部培训考核资料》。在这些标题中，定性词就能向读者传递出文章的稀缺性属性。

小米能有今天的成就，虽然与其产品本身的质量和为读者带来的较好体验有关，但是也离不开饥饿营销。小米的初衷就是走互联网发展之路，在这种思想的指导下，小米的产品最初只在线上销售，而且每次发售的产品都是有限的，时间也是固定的。因此，有需求的消费者需要预定，并且在产品开售的时候参与抢购。由于限时又限量，即使消费者预定过，也不一定能抢购到产品。

读者越是抢购不上，就越是对这种产品念念不忘。时间长了，小米的名气也就越来越大。在消费者的心中，小米手机也就成了稀缺品的代名词。于是，小米每出一款新品，都能获得较高的呼声，取得不错的销售业绩。请大家设想一下，如果小米一开始不是采取饥饿营销的方式，而是像其他国产手机一样，先批量生产，然后公开发售，那么结果又会如何？那样的话，小米手机可能就淹没在众多手机品牌中了。

从心理学的角度来看，这是人们的占有欲望。对于越难得到的东西，越想得到并占有。其实，在人类进化的过程中，经常会遇到物资短缺的情况，而人类天生就具有占有欲，因此，越是稀缺的物质就越是容易引起人们对其占有的欲望。事实上，几乎所有人都会在某种程度上受到"物以稀为贵"心理的影响。

相信运营者已经明白了稀缺性标题的独特作用，那么就大胆实践吧，用实践的成果来检验这一理论的正确性。

公众号运营：
内容创作+运营推广+商业变现

学习心得

阅读完了，记下你学到的小妙招吧！

4 标题代入：读者不走心，因为引导内容太低端

有公众号运营者抱怨："我已经很努力地进行运营了，包括对标题的拟定和对内容的策划。可是读者就是觉得我的内容不走心！"读者不走心真的要归咎到读者身上吗？我看未必。此时，运营者应该反思为什么读者会不走心？如果标题的创作是按照以上三章介绍的内容进行的，那么问题就应该出在标题引导太低端了，根本无法引起读者的重视，读者自然也就难以百分之百地认可你的内容。

公众号运营：
内容创作+运营推广+商业变现

好的标题引导内容有很多类，例如热点内容、修饰词、双关语和俏皮话、对比性、利益引导、共鸣话题、流行词、具象化表述等。下面我们就对其中的部分进行分别讲述，希望能帮助运营者创作出让读者走心的内容来。

4.1 热点内容：热点的关注度巨大

我们一般将当下发生的最新且引起了较多关注的内容称为热点内容。比如，里约奥运会、加多宝与王老吉之争等。这些事件都在当时获得了较高的关注度。如果将这些内容浓缩为公众号推文的引导内容，毫无疑问能增加标题的看点，从而扩大推文的影响力。或许读者在阅读这样的内容时，就会更加走心了。

4.1.1 一条新闻成为一个热点

在里约奥运会的女子100米仰泳半决赛中，傅园慧以58秒95的成绩获得小组第三名，成功晋级决赛。有记者对她进行了采访，采访中傅园慧用了"洪荒之力"这个词来说明自己尽力了，傅园慧的采访完全颠覆了人们对运动员的印象，"洪荒之力"也迅速成为了热点词汇，被大家广泛应用到各种场合。傅园慧说出"洪荒之力"的这句话爆红，给人以喜感。因此，每当人们在其他场合说出这句话的时候，都会让人感到愉悦和熟悉。由于傅园慧的采访视频被广为传播，所以一说起"我用尽了洪荒之力"就能引起较多人的共鸣。

一个教育类的公众号推送了一篇《我用尽了洪荒之力还是考到第二》

4 标题代入：读者不走心，因为引导内容太低端

的文章。这篇文章是这个知名度不算太高的公众号为数不多的阅读量在10万+的优质公众号文章。

毋庸置疑，在助推这篇文章成为优质公众号文章的过程中，其标题起了相当大的作用。其实，这个标题表达的意思就是"尽管我很努力，但还是没有考到第一"。如果运营者直接将这层意思作为文章的标题，效果应该不会太好。将热点内容融合到所要表达的意思中，就会让整个表达更具亲切感，更具吸引力。

运营者可能每天只策划一篇文章，而读者每天要面对成百上千篇文章，根本没有那么多时间仔细阅读每一篇。因此读者会从众多文章中选择符合自己需求的、能激发自己阅读兴趣的。读者首先看到的是文章的标题，因此会从标题入手来筛选，这也是我们一直在强调创作优质公众号文章要从标题开始的原因。

有一个金融理财类公众号，运营者本身是一名资深的理财专家，他希望将自己的公众号打造得更有专业性。在这种想法的指导下，公众号推文选取的材料来自各大权威金融理财机构的数据，并且内容的编写都由理财专家来完成，从不追逐热点，整个公众号给人一种保守和专业的感觉。尽管公众号的内容十分专业，阅读量却持续低迷。据该公众号运营者透露，当时推文的阅读量超过300都会让他欢呼雀跃。后来，经过媒体朋友的指点，该公众号运营者转变了观念，从不追热点变为适当地借助热点，公众号的粉丝数量也随着这一观念的转变而大幅增加了。

一条新闻能成为一个热点，说明人们对该新闻有较大的兴趣，也有较高的关注度。公众号运营者将这种内容融合到文章标题中，该标题能激发起读者的阅读兴趣，引起读者的关注，还能吸引热点新闻本身拥有的粉丝。对于运营者来说，借助热点是一种操作简单、效果较好的标题创作方法。所以，运营者们不要犹豫了，从现在开始关注热点、善用热点，让读者对你的内容更感兴趣。

4.1.2 标题中融入热点内容的三大优势

公众号运营高手认为,在标题中融合热点内容,就像是在化学实验中添加一剂催化剂,它可以加速文章引爆朋友圈。2016年1月10日晚上,一篇《2016微信公开课PRO版》的文章在朋友圈中被疯传。8天后,papi酱更新了一条名为"微信有时候真的让我崩溃"的吐槽视频,内容正是与这篇刷爆朋友圈的文章有关。此后,papi酱的这个视频也成功占领了朋友圈。

热点内容可以细分为很多种类型,如区分为积极的和消极的两方面内容。很多时候,人们关注热点内容并非只是看一个热闹,而是因为该事件引发了人们的思考。在这种情况下,运营者借用热点,无疑就是趁热打铁。

借助热点内容拟定标题有三大优势,如图4-1所示。

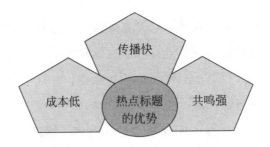

图4-1 在标题中融入热点内容的三大优势

1.成本低

比起组建内容创作团队或聘请专业策划人员拟定具有吸引力的标题,化用热点的标题更容易操作。前者需要付费才能达到目的,而后者由运营者自己就能完成。因此,这是一种能降低成本的运营方式。

2.传播快

由于热点内容已经具有一定的读者基础,所以更容易得到关注,也更容易形成爆炸式的传播效果。在文章标题中引用这样的内容，会使得标题更平易近人，让人感到亲切，传播速度也会变得更快。

3.共鸣强

热点内容往往会引发读者的激烈讨论，所以读者对于热点内容的熟悉度也会较高。基于这种情况，读者也较容易对包含热点内容的标题产生共鸣，因此得到读者的关注就更加容易了。

2015年，一名女教师写的"世界那么大，我想去看看"的辞职信在网上疯狂传播。这份只有短短10个字的辞职信，一度被网友们评为史上最具情怀的辞职信。这份辞职信在网上火起来后，一些品牌和媒体照着辞职信的格式创作了宣传文案。这种极为简短的宣传文案帮助这些品牌和媒体取得了极好的营销效果。

尽管借助热点内容拟定标题有众多好处，但是并不意味着所有的热点都能用到公众号推文的标题中。文字是具有穿透力的，如果你选择了积极的事件，那么你的标题就能向读者传递积极的感觉。否则，将会带给读者消极感。

从热点内容的时效性来看，也可以将其分为时下热点和永恒热点。

不少恋人在2018年5月1日结婚了，有运营者就抓住了这个热点，创作了一篇标题为《致恋人：愿阳光照在你的脸上》的文章。这篇推文发布后迅速引爆朋友圈，成为10万+的文章。这种对时下热点的运用，是打造优质文章标题的法宝。

除此之外，还有一些永恒热点也是可以运用的。比如职场、婚姻、亲情、前任，有关这些方面的内容永远不会过时，如果运用较为巧妙，同样可以吸引读者。将这两种热点综合起来运用，就不用担心没有热点可写了。

4.2 修饰词:突出优势

除了借势热点内容外,使用修饰词也是让读者对你的内容更走心的一种方法。修饰词的作用主要在于突出优势,让读者能一目了然地看到对自己有价值的内容,帮助读者缩短思考时间,更快地做出决定。读者要面对的内容太多太杂,如果让他们对每一个标题都仔细思考的话,这显然是不可能的。运营者想要得到读者的关注,就应该让读者省去这些思考的环节,直接做出选择。

网络上曾经流行过这样一个段子:一位老奶奶用三轮车拉着一车橘子在售卖,并且在橘子上放了一块广告牌。当广告牌上写着"甜过初恋"时,对应的场景是冷冷清清、无人问津的,当广告牌上写着"又大又甜,10元4斤"时,则掀起了一股抢购热潮。

虽然"甜过初恋"的广告语十分具有文艺情怀,然而"初恋"究竟是什么味道?更何况对于有些人来说,初恋还是一段痛苦的回忆,他们看到这样的广告语,即使原本想买,现在也不买了。有很多网友说"'甜过初恋'是什么鬼!"另一个广告语用简简单单的形容词"又大又甜"就把橘子的特色明白地告诉了顾客。凡是购买橘子的人,他们在乎的也就是这两点,即个头是否大?是甜还是酸?至于初恋,人们真的没有想那么多。

修饰词的作用主要体现在三个方面,如图4-2所示。

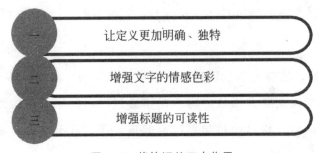

图4-2 修饰词的三大作用

4

标题代入：读者不走心，因为引导内容太低端

对于运营者来说，在标题中使用修饰词的时候应注意以下两点：第一，修饰词放在标题中最显眼的位置，最好是标题的开头处；第二，修饰词以 1~2 个为佳。

使用修饰词的目的就是吸引眼球，所以应该让读者极为容易地看到它。如果将修饰词隐藏在标题中，读者需要仔细寻找才能发现，其效果就会大打折扣。

所谓物极必反，少量的修饰词能起到打动读者的作用，过多的修饰词则会喧宾夺主。而且标题字数有一定限制，在标题中使用一两个精确的修饰词就足够了，这样还能降低读者的阅读难度。

公众号运营高手在标题中使用的修饰词总会给人一种恰到好处、量身定制的感觉，这是因为他们往往会事先对所要表达的核心内容进行仔细研究，找出其中的特点，然后再挑选合适的修饰词。

有了修饰词这一法宝后，打造优质公众号文章便不再是难以企及的梦想。运营者们想要打造吸引眼球的优质公众号文章，不妨多积累一些修饰词，并在推文的标题中使用它们。

4.3 双关语和俏皮话：增强标题看点

有一段时间，营销界掀起了一股成语化用的热潮。洗衣机商家纷纷说"爱不湿手"；洗发水商家说"发舞飞扬"；冰箱销售则说"美丽冻人"。这些商家利用字的谐音，让广告语既有趣又便于理解，进而吸引消费者的注意。

这种方法同样可以用到公众号推文的标题拟定中。在标题中恰当使用

双关语和俏皮话，从而增强标题的趣味性，降低标题的理解难度，拉近与读者之间的距离。

最近爱奇艺播放的一部清宫大戏《延禧攻略》，相信很多人都看过了。剧中坚韧、隐忍、勇敢的魏璎珞，先后为了死去的姐姐、死去的皇后复仇，一次次总能化险为夷，从最初的小宫女，一路"升级打怪"，最后成为皇贵妃。

这样的励志故事让人能从中学到很多东西，而剧中凡是得罪了女主的人都很快"领了盒饭"，则更加让人看起来大快人心。因此，这部剧得到了很多人的追捧。

新浪电视官方微信号"剧能说"推送了一篇文章，题目为"男版'魏璎珞'上线，挡我者统统领盒饭！"这篇推文与《延禧攻略》这个热点有关，不可否认其对标题起的推动作用，但如果文章的标题没有使用"双关语+网络俏皮话"的形式，可能即使有《延禧宫略》这个热点，也难以引起读者的阅读兴趣。

文章其实介绍的是热播剧《再创世纪》，剧中几位主人公的剧情发展像极了《延禧攻略》中的几位，这就使得整篇文章内容充满趣味性和喜感。如此有内涵的内容，得让读者知道呀，于是"双关语+网络俏皮话"式的标题就出现了。在这其中，"领盒饭"是一种双关语，"魏璎珞"俨然成为网络俏皮话的代名词，两者的结合，再加上《延禧宫略》这个热点，自然勾起了读者的阅读兴趣。

双关语本来就具有多义性，它利用语音或语义条件，使得一个词语或者一句话能够同时表示表面和内涵两种意思。当读者看到这样的内容时，更容易由此引发思考。在标题中使用这种性质的词语，可以增强读者的关注度。

另外，由于双关语"言在此而意在彼"的特性，使得运用了双关语的

标题代入：读者不走心，因为引导内容太低端

句子具有含蓄性与幽默感。在这个快节奏的时代，这种含蓄与幽默正是人们所追求的，也使得双关语具有了广阔的市场，不仅在公众号的文章标题中被使用，在营销领域也被广泛使用。

谐音双关的应用还有中国联通的广告语：联通（连通）世界，赢在中国；两面针牙膏的广告语：两面针（真）好。谐音双关无须改变语音，不会破坏音节的和谐，不会让读者读起来拗口。因此，更容易被读者记住，并留下深刻印象。

俏皮话属于自带趣味性的词语。可以说，俏皮话就是一剂润滑剂，即使是严肃的话题，在其中加上俏皮话，气氛也会缓和下来。对于读者来说，看到这样的内容，精神会得到放松甚至感到愉悦，比如秋后的蚂蚱——蹦跶不了几天；纸糊的琵琶——弹（谈）不得。还有一些网络上较为流行的俏皮话，比如"萌萌哒""么么哒""宝宝心里苦""神马都是浮云"。

巧妙地将双关语与俏皮话融入标题中，能够增强标题的看点，提高读者的阅读兴趣。当然，达到这种效果的前提是，运营者所挑选的双关语与俏皮话是十分恰当的，所营造的氛围是十分合适的。这就好比，商场可以用"欢迎再次光临"作为广告语，而医院则只能用"祝君早日康复"这样的句子。

运营者可以从自己的公众号定位出发，再分析所要表达的主要内容，来选择合适的双关语和俏皮话。

4.4　对比：引发讨论

当一个标题中同时出现两个不同的主体时，往往会引发人们对这两个主体的讨论，从而形成轰动性效应。我们将这种标题类型称作对比性标题，

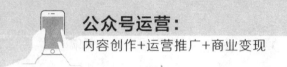

比如"被女生追和追女生有什么区别""华立专科的男生和本科的男生,哪边的比较帅?"巧妙地使用这种类型的标题,可以引发读者的讨论,从而提升文章的阅读量。

4.4.1 对比性的四种方法

当大家一致认为此时还是"80后""90后"的天下时,网络上出现了一篇《"00后"都毕业了,咱们这些大叔该努力了》的文章。尽管这篇文章是由一个不知名的公众号发布的,但丝毫没有影响到人们对它的追捧。很快,这篇文章就在网络上火了起来。

运营者们千万不要认为自己是一个运营新手,没有知名度,就无法打造出优质公众号文章。只要标题拟定得具有特色,内容不落俗套,那么打造优质公众号文章就是迟早的事。

回归主题,这篇文章能成为优质公众号文章,虽然与它的优质内容有很大关系,但绝对少不了标题的推动作用。这个标题就是一个对比性煽动标题。

① 该标题中提到了两个主体,他们分别是"00后"和"80后""90后"。

② 运营者为这两者之间赋予了对比性。通过将"00后"的成熟与"80后""90后"的碌碌无为进行对比,从而引发人们的思考和讨论。

由此看来,这篇文章成为优质公众号文章也在情理之中。人类的情绪是富有感染力的,一旦情绪被煽动起来,会不由自主地影响他人,形成一传十、十传百的传播效果,优质公众号文章的形成也就有了基础。其中,最关键的就是,如何制造对比效果,如何制造煽动性。

标题代人：读者不走心，因为引导内容太低端

制造标题的对比效果与煽动性有四种方法，如图4-3所示。比较至少是在两者之间进行。对于同一个对象，因为参照物不同，会出现两种截然不同的比较结果。姚明曾经与跳水冠军田亮同台过，田亮与姚明站在一起形成了

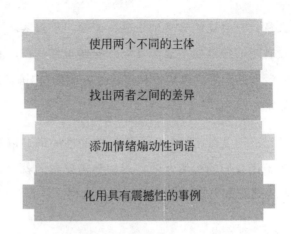

图4-3 制造标题的对比效果与煽动性的四种方法

鲜明的对比。此时，媒体抓住了两者之间身高差的特点，写了一篇标题为《姚明田亮同台，秀最萌身高差》的报道。这篇报道发表后，在极短的时间内就获得了较高的点击率。

正是因为媒体抓住了两个比较主体之间的差异，才写出了具有看点的标题，最终吸引到较多的读者关注。如果将标题改为《姚明田亮同台，篮球王子与跳水王子之间的对决》，可能报道的吸引力就会减弱。"篮球"和"跳水"虽然是两者之间的差异之一，但是这一内容并不具有可比性。

下面再看看煽动性效果的营造。要想制造煽动效果，煽动性词语的使用少不了。北京秋生堂官方微信公众号曾经推送了一篇《特别告示：每位女性保鲜身体迫在眉睫》的文章。此后，秋生堂一度出现产品销量大增的情况。

没错，就是因为秋生堂这篇具有引导性标题的文章激发了读者的情绪，让读者开始重视身体保鲜，从而对秋生堂的产品有了需求。常见的具有情绪煽动性的词语有"警惕""绝妙""神了""奇闻怪异"等。

与使用情绪煽动性词汇有着异曲同工之妙的是，化用具有震撼性的事例。网络上说："无案例，不文章。"的确，纯理论性的、缺乏案例证明的

文章，只会让读者感到生硬、无趣、不真实。面对这样的内容，读者自然没有耐心继续往下读。其实，标题也是一样。将震撼性的事例化用在标题中，增强标题的真实性和可读性，比如《"逃离北上广"究竟是噱头，还是营销？》。

不论是对比的对象，还是煽动性的词汇以及震撼性的事例，它们都存在于在我们的生活之中，运营者需要做的就是，仔细观察生活，从中发现和提炼标题乃至内容创作所需的素材。

4.4.2 环球旅行：《他穿了15年粉色蓬蓬裙，却爷们过了全世界的男人》

"环球旅行"是一个以分享旅行见闻为主的公众号，它推送了一篇题为《他穿了15年粉色蓬蓬裙，却爷们过了全世界的男人》的文章。

读者看到标题时，一定会疑惑：他是男人，为什么会去穿一般女人才穿的蓬蓬裙，裙子还是粉色的，他为何一穿就是15年？这样一位穿女人衣服的男人，为什么又说他特别爷们？文章讲述的到底是怎样的故事？

这篇文章在当时获得了很高的点击量。文章标题具有明显的对比性：代表男人的他和一般女人才穿的蓬蓬裙之间形成对比；穿蓬蓬裙表示内心柔弱，而爷们在这里作形容词表示刚强，两者也形成鲜明对比。

美国著名心理学家罗伯特·西奥迪尼在《影响力》一书中揭示了"认知对比原理"。简单说，要是第二件东西跟第一样东西有着相当的不同，那么我们会认为两者的区别比实际更大。心理学上的对比原理是一种潜意识说服，这个应用最多的是在商业上。

其实，公众号运营就是在营销自己的文章。因此，这个道理是能运用

标题代人：读者不走心，因为引导内容太低端

到公众号运营中的。想要成为一名公众号运营高手，除了学习公众号运营的相关知识外，对心理学的学习也是必要的。洞悉读者的心理，才能创作出直击读者心底的标题和内容来。

4.5 利益引导：洞悉人类心理

趋利是人类的共性，公众号运营也可以利用这种心理。具体的做法是，在推文标题中加入利益引导，以此打动读者，让读者主动阅读你的文章，关注你的公众号。知名营销类公众号"李叫兽"的运营者李靖曾经写过一篇《月薪3000元与月薪3万元的文案区别》的文章。这篇文章一度引爆朋友圈，并且在各大网站成为热搜文章。从标题来看，它最大的特点就是其利益诱惑性。

月薪3万元，可以说是所有文案工作者以及其他行业工作者共同的追求，也是较难达到的目标。当人们看到这个标题时，会情不自禁地想："究竟如何才能做到月薪3万元呢？是不是这篇文章能给出答案呢？"带着对答案的探索之心，也带着对利益的追逐之心，绝大多数读者会点开这篇文章。

2016年9月份，继微信宣布提现收费后，支付宝官方也发布消息称："因综合运营成本上涨，自2016年10月12日开始，支付宝余额提现将收取0.1%的服务费。"不过支付宝也像微信一样，为读者留有一定的免费额度。微信的免费额度是1000元，而支付宝大方地给出了20 000万元免费提现额度。

这一消息发布后，网友纷纷表示"小心脏受不了"，有人看到消息后，立马提现了，也有些网友对此不以为然，他们认为运营成本上涨是事实，

公众号运营：
内容创作+运营推广+商业变现

可以理解。有人认为0.1%的服务费并不贵，如果对于不经常使用支付宝提现功能的人，或者是每次提现额度不高的人来说，这确实不是一笔大数目。但是，在数字互联网时代，有很多人的大宗交易是在支付宝上完成的，他们将要为提现支付一笔不小的服务费。况且，每个人都不希望自己的利益受到损害。

在这种情况下，人民网推送了一篇标题为《支付宝提现将收费！8招让你不受影响》的文章。这篇文章当时不仅获得了较高的点击量，还成功刷爆了朋友圈。从这个标题看，它是一个典型的利益诱惑型标题。这个标题向人们传达的思想是，看了这篇文章后，能维护自己的利益，减少利益损失。读者在趋利心理的驱使下，会忍不住点击查看文章。

金钱、地位、权力，这三者是人们普遍关心的利益问题，也是最大的利益问题。运营者如果能在标题中向读者传达出这几个方面的诱惑点，读者会觉得自己点击阅读文章是有价值的。自然，优质公众号文章在这种情况下也就形成了。有些读者还会因此信任你，成为你的忠实粉丝。

公众号运营高手往往会坚持一种观点，即人们对自己利益的关注会远远大于对他人利益的关注。就好比新闻报道马云和王健林的身价时，人们会觉得很惊讶，但是也只是看看，不会对此有过多关注，毕竟与自己没多大关系。然而，当人们看到诸如《职场小白如何实现月薪过万的梦想》《2017年最具潜力的6大行业》《创业背后有靠山，20万元创业礼包等你拿》的标题时，其关注度会很高，也会很持久。

公众号运营高手在运营过程中愿意思考，也愿意探索。所以，对于同样的素材，他们写出来后就会更吸引人，更具看点。长期下来，读者与该公众号之间也就建立起了信任和联系。公众号的忠实粉丝越多，优质公众号文章形成率也就越高。

人类追逐的三大利益是可以分层的，依据的标准就是马斯洛需求理论。

4

标题代入：读者不走心，因为引导内容太低端

金钱利益属于最基本的物质需求层级，而地位属于尊重需求，权力则属于自我实现需求。这三者之间有一个由低到高的顺序。运营者在策划利益诱惑性标题的时候，也不妨以人们的这种需求顺序作为参考依据。

本书我们多次提到了心理学的应用。能成为公众号运营高手，对读者心理的洞悉程度一定非常高。对心理学知识的掌握和应用，是公众号运营者的必修课。

4.6 共鸣话题：总有一句话，能让读者产生共振

在标题中加入共鸣话题，让读者看到后能为之一振，进而阅读你的文章。所谓共鸣话题，就是读者关注的、感兴趣的内容。比如，对于爱吃的人来说，一提到美食，他们就会两眼放光，兴致高涨；对于爱旅游的人来说，好山好水则会让他们侃侃而谈。运营者可以对目标读者的需求和属性进行分析，找出他们的需求和兴趣点，然后在推文的标题中将其展示出来。

营造共鸣话题能够起到聚拢目标读者的作用，从而扩大文章的影响力，形成轰动效应。

微信公众号"新世相"曾推送了一篇《我买好了30张机票在机场等你：4小时后逃离北上广》的文章。推文发出去3个小时后，其阅读量就超过了100万，公众号粉丝也因此暴涨10万。凭借这篇推文，"新世相"上了当天的微博热搜榜。从此，"新世相"以及联合发起这起活动的"航班管家"App，都迅速在读者群体中活跃了起来。

这种信息传播速度、粉丝上涨速度以及宣传效果出乎所有人的意料。不得不说，"新世相"的运营者张伟是一位公众号运营高手。他仅仅用了不

公众号运营：
内容创作+运营推广+商业变现

到4万元的成本，为自己以及合作伙伴带来了数百万元的回报。张伟的这种运营效果是所有公众号运营者所追求的。那么，"新世相"的这种运营方式究竟是否可以复制呢？答案是肯定的。

要复制"新世相"的这种高效率的吸粉方式，首先需要搞清楚整个过程的来龙去脉。因为我们第一眼看到的是这篇推文的标题，所以从推文的标题入手。

首先，张伟在标题中用了"北上广"这三个让无数人又爱又恨的字。该微信公众号的读者有很大一部分生活在北上广这三个城市，这就让这篇文章的受众范围一下子变得非常广了。

其次，张伟在标题中用了"逃离"一词。北上广的快节奏、高压力的生活，使得年轻人想要逃离其中。然而，北上广的工作机会和发展前景又让这些年轻人不甘心逃离。于是，关于逃离北上广这件事情就在读者心中搁浅了，成为读者心中一个敏感的、不愿触及的话题。所以，当张伟在公众号中公开组织逃离北上广的活动时，自然就引起了读者的共鸣。

最后，张伟在标题中表示"买好了往返机票"。这是在告诉读者，此次"逃离活动"是完全免费的。这本来就是一个能引起读者共鸣的活动，而且参与该活动还不需要付出任何代价，简直是天上掉馅饼的好事。因此，这样的活动极具吸引力，没有人会拒绝。

尽管距"新世相"这篇推文的发布时间已经过了很久，但是这篇推文还是一直被人们讨论着，也被人们当作案例学习着。这就足以说明这篇文章的价值，以及这个标题的成功。

经过研究显示，能引起读者共鸣的内容有四类，可以简单表示为FORM。其中，F指Family（家庭）；O指Opportunity（事业机会）；R指Recreation（娱乐消遣）；M指Money（金钱）如图4-4所示。

标题代入：读者不走心，因为引导内容太低端

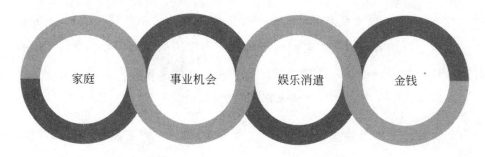

图4-4　四类最能引起读者共鸣的内容

以这四类内容为基础，分析目标读者的需求，然后策划与之相关的标题，来引起读者的共鸣。可能有人会说，这种做法会缩小目标读者的范围，对于公众号吸粉是不利的。其实不然，目标读者的范围虽然缩小了，但目标读者更加精准了，文章的吸引力和转化率都会大大提高。

事实上，在公众号运营中，100位潜在读者都不如1位忠实粉丝的作用大。因为粉丝不认可你的内容，必定不会传播你的内容。即使有100位潜在读者阅读了你的文章，那也只得到100名粉丝和100次阅读量，而一位忠实粉丝看了你的内容并将内容转发出去，这个内容可能会影响到这位粉丝的100名朋友，而这100名朋友再转发传播，优质公众号文章就形成了，轰动效应也会因此形成。

4.7　流行词：给标题"化妆"

化妆可以美化人的形象，增加吸引力。同样的道理，我们想要打造优质公众号文章，就需要对文章的标题进行"化妆"。具体的做法是，在标题中加入流行词，让标题不至于过于突兀和落伍。

以前我们会将单身者称作"光棍"，现在更流行将单身者称为"单身

狗"。如果你在推文的标题中使用了"光棍"而非"单身狗",那么人们会觉得这个标题有点过时,可能读者还会认为你的观点很保守,最终会放弃阅读你的文章。不信,你可以感受一下《光棍都会犯的十个罪过》和《单身狗都会犯的十个罪过》这两个标题的区别。

流行词之所以能流行开来,一定有它的原因。或者是因为节奏欢快,朗朗上口;或者是因为幽默有趣,能传达出不一样的情感;又或者是代表了一代人的情怀……作为公众号运营者,不仅要读圣贤书,还要闻窗外事。只有仔细观察周围的事物,跟上时代的步伐,才有可能找到能契合读者需求的素材,从而打造出优质公众号文章。

流行词可能存在于网络,也可能存在于读者的日常交流中,要善于发现,并应用到自己的公众号文章中。

标题代入：读者不走心，因为引导内容太低端

学习心得

阅读完了，记下你学到的小妙招吧！

5
什么样的内容才是好内容

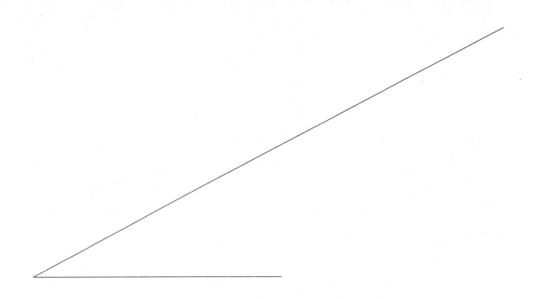

我们一直在强调要创作优质的内容。那么,究竟什么样的内容才称得上是好的内容呢?是否有一个标准可供参考呢?答案是肯定的。如果运营者对这个问题不太理解的话,则很难确保自己创作内容的质量。运营者创作出来的内容是针对读者的,所以评价标准也应该从读者角度出发来制定。一般来说,具有启发思维性、能够预见未来趋势、可以博取读者开心的内容,就能称得上是好的内容。具体如何做到这些方面,就是我们接下来要介绍的内容。

5.1 启发思维：你认为的对，原来是错

如果你所推送的内容是一些人云亦云的东西，毫无新意，没有自己的独到见解，读者能从你这儿得到的信息，从其他公众号也能得到，那么你的内容吸引力会很小。相反，如果你的内容能启发思维，能给读者耳目一新的感觉，读者将更愿意关注你的公众号，不想错过任何一篇文章。

5.1.1 意林:《比炫富可怕一万倍的，是炫苦》

随着QQ、微信等社交工具的普及，"炫富"这个词也逐渐火了起来。QQ空间或者朋友圈里总是会时不时出现这样的动态：今天心情不好，所以随便出去散散心。结果配图是在巴厘岛欣赏美景。后来，QQ空间和朋友圈都有了定位功能，于是动态下面还会配上"香港购物中心""巴黎香榭丽舍大街"等地点信息。

很多人开始用文字讨伐这些炫富者，在公众号中也出现了诸多以此为出发点的文章。可以说，大家对炫富者形成了一致抵抗的态度。这类文章在公众号中传播了一段时间。虽然大家对炫富者的态度并未改变，但是对于公众号的读者来说，他们会对同一种声音、同一种观点感到厌烦。

这时一篇《比炫富可怕一万倍的，是炫苦》的文章出现了。文章发布后的短时间内，就获得了较高的关注度。有了背景分析作为基础，这种现象是不难理解的。从标题上看，这篇文章给人一种耳目一新的感觉。这种与当下潮流截然不同的声音，极大地勾起了读者的好奇心。

作者在文章中首先说，可能你的朋友圈里有卖包的、有减肥的、有秀

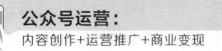

恩爱的、有代购的，但一定没有炫苦的。的确，事实就是如此。当读者们看到这儿的时候，会对此表示赞同。这时就引起了读者的共鸣。

接下来，作者开始介绍自己"苦"的来源。因为高考失利，因为报考志愿的失误，让作者觉得自己的人生是苦的。尤其是同班同学一个个都考上了重点大学，每天还在微信群里高谈阔论，这让作者更加觉得人生苦不堪言。于是，作者开始在朋友圈中抱怨：从学校要求出早操到心里的落差，等等。

如果你认为这篇文章仅仅是在炫苦，在抱怨命运的不公，那么你就大错特错了。因为以上关于炫苦和抱怨的介绍，只是在为后面的启发性内容作铺垫。在文章的最后，作者说："伤疤、苦楚是拿来与自己共生共存的，它们是你往后人生里最独特的辨识标志。不过，总要愈合了才不会触目惊心对不对，炫出来是害人害己。"

看到文章的最后，我们可以明显知道，运营者写自己过去常常炫苦，并非在向读者传递负能量，而是想通过这段往事，告诫读者不要做一个炫苦的人。事实上，在现实生活中，没有人能一帆风顺，人们总会遇到这样或那样的挫折。当读者看到这样的内容之后，遇到了挫折和困难的时候，会有一种正确的态度面对。运营者正是通过这样一篇文章告诉读者，要勇敢地面对挫折，而不是将自己的不满意昭告天下。

这篇文章是具有启发意义的，它能对读者的人生观、价值观，乃至世界观给予启发和指导。对于这样的文章，读者自然会爱不释手，愿意花时间去阅读。

5.1.2 创业邦：《为什么同班同学在五年后差距那么大》

这篇文章中，作者以介绍自己亲身经历的形式描述了毕业之后的变化。

如果仅看在学校的表现，那么在我们眼里，第一名的学生在毕业后的表现也会很出色。作者在文章中给出了很多案例，如有的人能吃苦，有的人头脑灵活，有的人遇到了好机遇。这篇文章有启发性，引导读者去思考发展的问题，思考人生价值的问题，从而促进自己的事业朝着良好的方向发展。所以这样的文章能获得如潮的好评，成为优质公众号文章。

运营者想要打造优质公众号文章，想要创作好的内容，可以从具有思维启发性的内容入手。这就要求运营者平时对社会现象以及周边生活有较为细致的观察，否则很难找出能启发读者思维的内容。

5.2 预见趋势：在未发生之前，占据先机

未知的事情总是能引起人们的好奇心与探索欲。有无数人在想象未来的样子，但是没有人能真正知道未来究竟是什么样子的。鉴于这种需求，一个针对人们对未来的想象而开设的公众号"Max创意公元"诞生了。

从"Max创意公元"提供的内容来看，这是一个以预见性为主的公众号，凭借这种具有未来预见性的内容，"Max创意公元"吸引了大量读者。"Max创意公元"曾向读者推送了一篇《未来，你有可能看到没有方向盘的车》的文章，内容是以视频形式展示了一种没有方向盘的车，在软件的控制下完成了长途旅行。这种类型的车可能在很多人的想象中出现过，但现实生活中并没有。当"Max创意公元"以视频的形式展现出这种类型的车，契合了读者的想象。所以它能够吸引读者，并引起读者点击观看视频的兴趣。这个视频的主题是测试控制者注意力分散的时候，是否还能很好地控制车。这正是人们对这类型车的担忧之处。

可以说，这个视频既满足了读者的好奇心，开阔了读者的眼界，同

时也解答了读者的疑惑。因此，当"Max创意公元"推送出这个视频的时候，吸引了较多读者的关注。除此之外，"Max创意公元"还展示了能自动行驶的摩托车、能躺的三轮车、跟班机器人、比水平面低的房子等。"Max创意公元"完美地将读者想象中的未来的样子呈现了出来。对于这样一个专门提供独特性、预见性内容的公众号，读者对其保持着非常高的黏性。

从心理学角度来看，人们对于未来的探索，也是一种对生活的追求，人们总是会不停地追求更新、更高、更好。"Max创意公元"所提供的内容正击中了读者的痛点。

作为一名公众号运营者，不妨给自己的内容增添一些新意。

5.3 博你一笑：你笑了就好

网络上有一句出镜率极高的话，它是这样说的，"千金难买我高兴"。的确，有什么事情比让自己高兴更重要呢？以这种思路为基础，许多专注搞笑内容的公众号涌现出来。能让读者高兴，能为读者带去乐趣的内容，也称得上是好的内容。

5.3.1 雾满拦江：《没有选择，就没有自由》

"雾满拦江"是一名专职作家开设的公众号，非常擅长讲历史，言辞犀利辛辣，读来可以下酒。"雾满拦江"的文字总能引发人们的思考，让人们在读得酣畅淋漓之后，不由得对种种无法改变的现实发出阵阵苦笑。

5
什么样的内容才是好内容

"雾满拦江"曾经写过一篇《没有选择,就没有自由》的文章,在这篇文章中,"雾满拦江"列举了日本小孩更有耐心的事例,并解释了日本人对孩子的选择性教育方式。之后,又将笔锋转向了中国小孩的选择性教育,他同样列举了一个事例,故事发生在一间教室里,老师走进教室,亲切地对学生说,要给学生们讲一个故事,学生们满怀期待地答应了。接着老师告诉了学生要讲的故事题目,它是"小蝌蚪找妈妈"。这时有一个学生举手示意老师自己有话要说,老师给了他发言的机会。这个学生表示老师每天都要讲"小蝌蚪找妈妈"的故事,大家已经听腻了,希望老师能换一个新的故事。然而,老师的回答是:"小明滚出去!去操场跑100圈!"之后,老师又亲切地对其他同学说:"大家想听什么故事啊?"同学们回答:"小蝌蚪找妈妈的故事。"这就是中国式的选择性教育,一种能触到很多人痛点的教育方式。看完这则故事后,读者不禁对中国式的选择性教育发出了无奈的苦笑。

"雾满拦江"将一个深刻的问题用轻松的故事讲述了出来,既启发了读者的思维,又保证了文章的趣味性。这样的内容正是读者需要的内容。

具有思维启发性的趣味性内容对读者具有较强吸引力。运营者想要打造优质公众号文章,不妨尝试创作这样的内容。当然,要想创作出这样的内容,运营者需要具备一定的条件,比如敏锐的洞察力、独特的视角、深刻的见解和幽默的表达能力。

如果运营者缺乏敏锐的洞察力,则很难捕捉到能引发读者思考的事件。这是一个基本前提,没有这个前提,吸引读者的注意力、打造优质公众号文章都无从谈起。运营者可能并非天生就具备这一能力,但通过后天的培养是可以形成的。平时对事物多加留意、细心观察,逐渐培养较强的洞察力。

如果运营者发现了一种能引发思考的事件或社会现象,但是看待事件或现象的视角与其他人并无区别,那么最终写出来的内容可能非常普通,

公众号运营：
内容创作+运营推广+商业变现

毫无亮点可言。这样的文章在公众号运营竞争激烈的今天，显然是不具备优势的。因此，独特的视角也是运营者需要具备的基本素质之一。

优质公众号文章一定要有自己的特色，否则不可能在大量的信息中脱颖而出。既有深刻性，又不失幽默感，会让读者在阅读文章的时候既能得到思想的洗礼，又不会有沉重感。

5.3.2 《万万没想到》：你根本就想不到

《万万没想到》是由叫兽易小星执导的一部迷你喜剧。该剧第一季上映后，就迅速吸引了大量观众。这部喜剧最大的特点是用夸张幽默的方式描述了男主角王大锤意想不到的传奇故事。读者在观看这部影片的过程中，总是能被王大锤的种种经历和应对方式逗得哈哈大笑。

第一季所有节目播出之后，网友通过各种途径喊话易小星，希望该剧还能再出第二季、第三季。在读者超高的呼声下，《万万没想到》第二季上映了。王大锤依然作为主角登场，继续为读者展现穿越、职场等各种类型的搞笑故事。不论是当下的热门话题，还是经典的历史故事，都被易小星恰到好处地用到了剧情中，更加增添了故事的搞笑性。

继《万万没想到》第二季播出之后，易小星又导演了一部同名奇幻喜剧电影。王大锤依然作为故事主角出现。不过，这次王大锤遇到的囧事不再与相亲有关了。在电影中，王大锤化身为"妖王"之后偶遇唐僧师徒，并由此发生了一系列有趣的冒险故事。搞笑的喜剧风格依然是其最大的亮点和卖点。

与"雾满拦江"所创作内容的趣味性相比，《万万没想到》中展现出来的趣味性更加直接，更加纯粹。可以说，《万万没想到》就是为了搞笑而搞笑，它的直接目的以及最终目的都是一样的，即为读者提供乐趣，让读

5 什么样的内容才是好内容

者发笑。这种简单的趣味性，能让读者在紧张繁忙的工作或学习之余得到放松，在精神上得到享受。所以，这样的内容同样能够得到读者的青睐和肯定。

我们多次提到读者对趣味性内容有较强的需求。事实上，很多读者将网络作为一种情绪宣泄和寻求心灵安慰的途径，当运营者为读者奉上充满趣味性的内容，自然能得到读者喜爱。

在公众号运营中，内容好坏的一个评判标准是能否吸引到更多读者。读者叫好的内容，才是真正的好内容。所以，运营者在创作内容时，应该从读者的需求出发，当你的内容击中了痛点，满足了读者的需求，读者就为你叫好时，优质公众号文章也就诞生了。

公众号运营：
内容创作+运营推广+商业变现

学习心得

阅读完了，记下你学到的小妙招吧！

6 好的内容方向都是怎么出来的

运营者想要创作出好的内容,前提是确保所寻找的内容方向是正确的。这就需要在内容方向选择之前开一个选题会,讨论筛选目标内容,最终留下最佳的内容。另外,运营者还需要关注热点、把握痛点,这些内容是最容易打动读者的。最后,运营者还应保持空杯状态,不断学习充实自己。

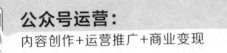

6.1 选题会：不是出版，胜似出版

在出版行业，图书的选题要通过开选题会来讨论确定。选题会能博采众长，有效提高选题质量，公众号的内容创作也是如此。虽然公众号的内容创作不属于出版行业，但其工作流程以及要求与出版行业一致。那么，公众号内容创作的选题会究竟如何进行呢？这是本节要解决的重点问题。

凭借输出优质内容，"小小包麻麻"聚集了一大批忠实的粉丝。因此，在"小小包麻麻"向内容电商转型之后，便创下了月流水3000万元的好成绩。当然，"小小包麻麻"能创作出优质的内容，绝非偶然。"新榜"曾经对"小小包麻麻"的创始人团队进行了如下采访。

新榜：每天推送的内容和选题怎么策划？

小小包麻麻：我们会召开选题会，内容班子也有十多个人。平时各自寻找相关资料，再汇总交流，确定好了再推动创作，"小包妈妈"和"小包爸爸"现在依然积极参与内容创作。

新榜：内容小组的人是怎么构成的？

小小包麻麻：我们有妈妈组和爸爸团。妈妈组都是由孩子妈妈组成，有些已经有两个孩子了，她们对妈妈的痛点把握得比较清晰。一些妈妈对当妈的情感把握很到位，一些妈妈则对产品把握很到位。我们有一位优秀的专职漫画师，也是孩子妈妈，很多人气漫画都是她创作出来的，比如《你以为我更爱孩子，其实孩子更爱你》等，画出了很多爆款。爸爸团是"小包爸爸"为首的理工男团队，专门研究母婴类产品评测。其次,我们还有一个视频团队,有专门的场地和导演,已经在尝试制作短视频,之后会系统性地推出视频内容。

"小小包麻麻"之所以能一直保持着优质的内容,是因为他们会召开专门的内容选题会,十多个人组成的内容团队,每人提出一条意见,也能同时收集到十多条有用的意见。这比运营者一个人埋头苦想的效果好得多。而且,十多个人平时还会各自收集资料再进行汇总,这种有分工有合作的内容策划方式,既拓宽了内容的广度,同时也保证了内容的深度。

"小小包麻麻"用实践证明了召开内容选题会这种做法的可行性。所以,运营者想要创作优质公众号文章,不妨大胆尝试这种方式,组建专门的内容创作团队,然后让团队成员对备选内容进行讨论,各自提出看法,最后得出结论。虽然不能保证这样策划出来的内容一定能成为优质公众号文章,但至少可以肯定的是,策划出的内容质量不会太差。

6.2 关注热点:寻找流量爆点

热点内容不仅可以作为标题的素材,还可以成为创作优质内容的方向。热点内容不论用在标题中还是用在文章中,其效果都是不错的。当热点内容用在标题中时,能吸引读者的注意力,当用在文章中时,又会成为流量的引爆点。因此,运营者要想打造优质公众号文章,应该关注热点,并从热点内容中找到好的内容方向。

运营者应该抢占热点的先机。也就是说,运营者应该像新闻工作者一样,第一时间报道热点并运用热点。否则,等热点内容已经被广泛使用后,也就逐渐失去了吸引力。因此,运营者需要研究当下的趋势,保证第一时间发现热点内容。

不同的读者群体对热点内容的喜好程度也不同。有些读者对娱乐热点感兴趣，有些读者对时事政治的热点感兴趣。如果运营者不能把握好读者的需求，则会出现即使运用了热点内容，效果依然不佳的局面。

6.3 阅读或采风：思维的第四个角度

作为运营者的你，如果尝试了以上提到的几种方法后，依然没有找到好的内容方向，也不要着急，可以试试阅读或采风。运营者需要广泛阅读，才能拥有广博的知识。阅读的内容除了所研究的相关知识，还包括别人的优质文章，这些都能帮助读者从中找到思维启发点。可能运营者苦思冥想许久也没有结果，但是阅读了他人的优质文章之后，从中找到了灵感，从而得到一个好的内容创作方向。采风活动也是同样的道理。这两种方式统称为思维的第四个角度。

6.3.1 读书：一种最基本的方式

一篇优质的公众号推文必定是有血有肉、丰富而饱满的。读者在阅读这样的文章时，既能获得对自己有用的内容，又能得到精神上的享受，因此会将文章分享给朋友。于是，一传十，十传百，优质文章也就形成了。

在这个过程中可以看出，优质文章的形成主要依靠其价值。那么怎么让文章具有价值呢？答案是：阅读。要想创作出具有价值性的内容，阅读是一种最基本的方式。

阅读可以拓宽运营者的知识面，让运营者积攒更多的素材。事实上，优质的公众号推文的创作是有顺序的。首先，运营者会对选题进行确认；其次，运营者需要为确定下来的选题寻找素材；最后，编写成文。

有了好的选题，还需要搭配恰到好处的素材，这样才能形成完善的组合。否则，仅有好的选题，没有好的素材来支撑的话，只会白白浪费了选题。而且，好的素材并不是信手拈来的，需要运营者平时积累，积累的方法则是大量阅读。

运营者在阅读的过程中不仅能积累大量素材，还能从中找到好的选题方向，这对创作优质的内容十分有益，也是打造优质文章的基础。因此，运营者应该重视这种看似不起眼的方法，在平时多进行阅读活动。

6.3.2 采风：聚会、采访等N种方式

运营者在寻找好的内容的过程中，可以考虑博采众长，也就是采风，即集合多人，借助他人的力量找到好的内容方向。既能提升内容品质，也能提高效率，是一种值得推广和采纳的方式。

运营者可以通过聚会、采访等方式来采风。这两种采风方式代表了两种不同状态的采风行动。前者可以说是被动式的采风活动，后者则是主动式的采风活动。不过，两者的效果并无优劣之分，只是有各自适应的情况而已。所以，运营者需要根据情况正确选择。

如果运营者对于推文的选题没有较好的想法，此时可以考虑聚会式的采风活动。运营者可以以聚会的形式将内容创作团队的成员或者比较擅长确定选题方面的亲朋好友聚集起来，让他们在一起围绕某一话题闲聊。之所以要让他们闲聊，是因为在这种没有约束的氛围下，才可能迸发出好的观点来。运营者需要做的就是从中摘取较好的观点与内容。

如果运营者已经确定好了选题，只是找不到较好的素材的话，就可以考虑采取主动访问式的采风方法。选题确定好了也就意味着有了明确的方向，可以通过采访指定的人获得需要的资料，提高工作效率。

关于采风的具体方式还有很多，运营者可以根据实际情况选择使用。方法是为目标服务的，只要有利于运营者的目标的实现，具体的方式就显得并不重要了。毕竟，采风活动只是为运营者提供一种新的思维角度，最终关于文章内容的组织还要依靠运营者个人来完成。

在公众号运营中，好的内容有很多，选择好的内容方向的方法也有很多。运营者在选择好的内容方向的时候，要以"读者看到标题忍不住去点开，读者看完内容忍不住转发"这一标准为前提。

6

好的内容方向都是怎么出来的

7
与内容相关的参考资料，首选互联网

一篇优质的文章除了有独到的观点，还要有丰富的素材来支撑其观点。那么，这些支撑观点的素材应该去哪儿寻找呢？这是运营者最为关心的问题。解决这一问题的方法有很多，可以去图书馆查阅相关资料，也可以在互联网上搜索相关内容。值得提倡的是后一种方法，互联网中不仅有丰富的资料，而且搜索起来也非常快速和便捷。

7

与内容相关的参考资料，首选互联网

7.1 主题式搜索

任何事情都有方法可言，在网上搜索资料也不例外。运营者要想提高资料搜索的效果，要想保证搜索到的资料的质量，前提便是掌握高效的资料搜索方法。在此为大家介绍一种高效搜索资料的方法"主题式搜索"。以百度为例，提炼出素材的主题进行搜索，有两种操作方式：正向搜索和反向搜索。

7.1.1 正向搜索：要A，找A

所谓正向搜索，即需要什么样的内容，就搜索什么样的内容。这是一种直接的、有目标的搜索方式。这种搜索方式的优点在于，它能确保搜索到的内容就是自己需要的目标内容。这种搜索方式可以保证搜索的效率，减少干扰项。

比如，运营者寻找有关文案策划方面的素材以及案例时，可以在百度中直接输入"文案策划的技巧""优秀的文案策划案例"，搜索的结果也与这些内容直接相关。运营者在使用这种搜索方式的时候，需要注意三个方面，如图7-1所示。

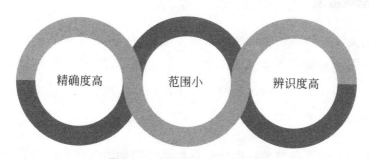

图7-1 正向搜索的三个要点

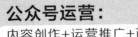

1. 精确度高

如果输入的搜索关键词不够精确,那么搜索出来的结果就是一大堆与之相关的内容,需要运营者对其比较和挑选。显然,这会增加运营者的工作难度。

相反,如果运营者一开始就根据选题提炼出一个非常精确的主题或关键词,那么据此搜索出来的结果也必定是十分精准的。

2. 范围小

在百度中进行正向搜索的时候,搜索的范围越小,搜索结果越精确。运营者在确定素材关键词的时候,尽可能缩小其范围。比如,运营者希望搜索文案策划方面的案例,可以将案例的范围缩小到某一类型产品,或者某一个文案策划团队的案例。这样一来,就能避免筛选工作了。

比如,在百度中搜索"文案策划",搜索结果有专门的文案策划网站,有关于文案策划的名词解析,有文案策划的教程,还有关于文案策划方面的工作介绍。总之,"文案策划"这个关键词的范围非常广,所以用它直接作为关键词搜索出来的内容非常繁杂。如果在百度中搜索"文案策划的方法",则出现的搜索结果很多是与方法有关的。"方法"二字将搜索范围缩小了,搜索结果也就更加精确了。

3. 辨识度高

主题关键词的辨识度也是决定搜索结果的一个重要因素。每个搜索引擎都有一个海量的信息资源库,在这个资源库中,难免会有内容非常接近的信息。所以,主题关键词的辨识度不高的话,搜索出来的内容与所需要的内容会存在偏差。

总而言之,正向搜索就是一种目标明确的指向性搜索,运营者在使用

与内容相关的参考资料，首选互联网

这种方法搜索资料时，一定要保证所使用的主题关键词十分明确且清晰，这样才能节约搜索时间，提高搜索效率。

7.1.2 反向搜索：要A，找-A

与正向搜索相对应的就是反向搜索。简单来说，反向搜索就是指当所要搜索的目标为A的时候，却从非A入手进行搜索。这种做法与反证法的概念比较相似。

当运营者在撰写一篇公众号文章的时候，如果无法直接从正面入手，此时运用反证法可以巧妙地避开问题的难点，简化论证的难度。使用反证法的文章会给读者带来新意。这样的文章也会增加对读者的吸引力。

比如，运营者确定的文章选题是关于如何应对职场面试的。如果运营者要从正面入手来撰写这篇文章，那么所要搜索的资料就是职场面试应该注意些什么，面试官喜欢看到求职者身上的哪些闪光点，但这样的文章或内容在现实生活中太常见了，毫无新意和吸引力可言。相反，如果运营者从反面入手，效果就会大不一样。这个时候，搜索的方向就变为面试官通常不喜欢看到求职者的哪些表现。如果求职者能有效避免做出这些举动，也就意味着能大大提高面试成功的概率。对于读者来说，这样的内容可能更具实用性，更容易得到读者的认可。反向搜索一方面可以拓宽运营者的搜索范围，另一方面也可以降低资料搜索的难度。

运营者在使用反向搜索方式的时候，也是使用主题关键词进行搜索，需要注意三个方面，如图7-2所示。

图7-2 反向搜索的三个要点

公众号运营：
内容创作+运营推广+商业变现

1. 角度正确

反向搜索即非A搜索，不是搜索相关性内容。所以，运营者在使用这种搜索方式时，需要把握好角度。角度不正确，搜索出来的结果自然就会偏离目标，就不能作为资料使用到文章中。一个非常简便的方法，就是找出主题关键词的反义词。比如，运营者要写减肥的5种方法，可以找容易导致增肥的一些方法。

2. 有意义

要想打造一篇优质公众号文章，文章必须有意义。资料是文章的重要组成部分，因此资料是否具有意义则是文章是否具有意义的前提。所以，运营者使用反向搜索时，一定要判断所选定的主题关键词是否有意义。

3. 契合读者需求

公众号推文最终面向的是读者，它能否成为一篇优质公众号文章也取决于读者的阅读量。要想让文章得到较多读者的认可，前提是文章要能契合读者的需求，也就是所选用的文章资料要能契合读者的需求。因此，当运营者使用反向搜索时，要确保主题关键词切合读者的需求。

在一篇公众号推文中，可以同时存在正向论证法和反向论证法两种论证方式。也就是说，运营者在寻找资料的过程中，可以同时使用正向搜索和反向搜索两种方式。

7.2 核心搜索

所谓核心搜索，是指直接搜索目标核心内容。这种搜索方式与主题搜

与内容相关的参考资料，首选互联网

索中的正向搜索方式有着相同之处，但也有一些区别。正向搜索更多的是强调一种搜索的方向，而核心搜索更多的是针对内容。核心搜索包括两种具体的操作方式：关键词搜索和关联搜索。

7.2.1 关键词搜索：A的核心词小a

关键词搜索最重要的就是找准关键词。核心关键词越准确，搜索到的资料也就越有效。如何确保关键词搜索能达到一个较好的效果呢？这就需要运营者在使用这种方式的时候，注意一些事项，比如确定核心关键词的性质、搞清楚核心词的类别、缩小核心关键词的范围。

在百度中搜索的时候，关键词就是运营者输入搜索框中的词，也可以说是运营者对百度发出的命令。显然，命令的准确性将直接影响百度搜索结果的准确性。在百度搜索中，对关键词的限制非常小，人名、网站、新闻、小说、星座、购物、软件等都可以作为关键词的内容。另外，百度对于关键词的形式也没有明确的限制，可以是中文，也可以是英文，还可以是数字，或者这几种形式的混合体，甚至是标点符号（包括特殊符号）。

百度搜索所具备的以上性质，在一定程度上降低了运营者搜索的难度。但是，百度搜索引擎也非常严谨，关键词有一字之差，搜索结果会有很大不同。比如，在百度中输入"热点"，出现的搜索结果是热点新闻以及WiFi热点等，而输入"热文"，其搜索结果则是最近网络上的热文，以及如何打造朋友圈热文的方法。

在百度中输入"电脑"和"计算机"也会出现不同的结果。在大家的普遍认知中，电脑就是计算机。这两个名词指向的是同一个物体，只是叫法不同罢了。但是在百度中输入"电脑"，出现的结果是最近热销的电脑产品、电脑的名词解释等。输入"计算机"，其结果则是在线计算器、计算机技术培训、计算机专业介绍等内容。

这个例子再一次说明，运营者需要对关键词有清晰准确的把握，要精确到每一个字、每一个标点符号。如果运营者在搜索过程中发现搜索结果与自己的目标不吻合，不妨回过头检查一下关键词是否准确。

为了确保关键词搜索结果的精确性，运营者可以通过增加关键词的个数缩小关键词范围。比如，同时输入"深圳"和"暂住证"，搜索结果会更加准确。运营者同时输入多个关键词时，需要用空格将其隔开，否则搜索引擎会将其识别为一个关键词，其搜索结果也就失去了保障。

百度中有一项非常人性化的功能"网页预览"，可以帮助运营者提高搜索效率。运营者在搜索框中输入关键词，点击每条搜索结果后面的"网页预览"小三角按钮，这时可以在该位置打开一个大小适中的窗口来展示该网页的内容。运营者可以同时查看多个网页，对其中的内容进行比较。

如果运营者所处的网络环境较好的话，还可以使用"预览本页全部结果"功能，系统会将页面中所有搜索结果同时打开。对于运营者来说，这一功能无疑提高了内容浏览的效率。但是，网速不好时极易出现卡顿甚至死机的情况。

百度中越来越完善的功能为运营者搜索资料提供了极大的便利。有了优质的资料，离打造优质公众号文章的梦想也就更近一步了。

7.2.2 关联搜索：要A找B，它们有相关性

关联搜索是一种与关键词搜索不同的搜索方式。从范围来看，关键词搜索是一种缩小范围的搜索方式，是一种凝聚式的搜索方式。而关联搜索是一种扩大范围的搜索，是一种辐射式的搜索方式。使用关联搜索方式的

7

与内容相关的参考资料，首选互联网

时候，要求运营者具备发散性思维，即当确定的目标关键词为A，运营者要想到B、C、D等。

虽然关联搜索要求扩大目标物的搜索范围，但同时也要求所扩大的范围与目标物紧密相连。脱离了目标关键词，范围越大，离正确的结果越远。

为了让关联搜索变得有意义，运营者在使用这种方法时，要铭记"核心搜索"这一要点。不管关联搜索如何扩大搜索范围，它始终属于核心搜索的范畴。因此，运营者需要以核心关键词为依据，从核心关键词出发，而不是脱离核心关键词。如果运用得当的话，关联搜索能够作为关键词搜索的一种补充，帮助运营者搜索到更多资料。

具体来说，在百度中进行关联搜索时，有两种方法可以借助，如图7-3所示。

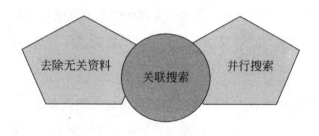

图7-3　关联搜索的两种方法

1. 去除无关资料

这是一种高级搜索功能。它的高级性主要体现在降低搜索干扰，提高搜索效率。百度搜索引擎中包含着海量的资料，虽然这些资料为人们提供了极大的便利，但同时也增加了搜索难度。一旦关键词出现任何小的差错，都会导致搜索结果不够精确。

运营者可以在进行关联搜索时，去除无关的资料或信息，提高搜索内容的精度。比如，运营者可以排除搜索关键词中的一些字词，来去除无关资料。百度支持"—"功能，该功能可以有目的地删除某些无关网页。使用时，在"—"之前必须加空格，否则系统无法识别。

2. 并行搜索

所谓并行搜索，是指同时搜索目标A与目标B，通过扩大搜索范围的方式搜索更多关联内容。并行搜索的结果不仅包含两个目标搜索物，而且两个目标物之间具有极强的关联性。比如，运营者想搜索与美容、减肥相关内容，需要同时在搜索框中输入"美容"和"减肥"，并用空格将其隔开，如果没有加空格，就会成为一个关键词，搜索出来的结果肯定不是所需要的。

在人们点击搜索链接时，由于网站服务器暂时中断或堵塞，或者网站已经更改链接等问题，会出现"该网页无法显示"。为了解决这个问题，百度推出了"百度快照"功能。即使服务器出现问题或者网站链接出现变化，读者也可以预览网页。百度快照的工作性质决定了这种资料搜索方式要远远快于常规的链接方式。

对于经常需要在百度上搜索资料的运营者来说，多掌握几种搜索方式是有百利而无一害的。因此，运营者不妨对以上介绍的方式多学习、实践，才能最终掌握这些功能。

7.3 迂回搜索

任何事情都有直接与间接之分，在百度中搜索资料也不例外。前面两节为大家介绍的是直接的搜索方式，接下来要为大家介绍间接的搜索方式，即迂回搜索。如果运营者在直接搜索的过程中遇到困难了，不妨试试迂回搜索。换一个角度，也许能得到截然不同的收获。具体来说，迂回搜索又分为放大式搜索与缩小式搜索。下面为大家详细介绍这两种搜索方式。

7.3.1 放大搜索：将蚂蚁当成大象

迂回一词指的是回旋、环绕的意思。也就是说，当运营者有了一个明确的目标后，不是从目标下手，而是将与目标相关的事物当作突破口。如果用一种形象的方式来描述的话，那就是将蚂蚁看成大象。

放大搜索与上一节中提到的关联搜索有相似之处，但是放大搜索所扩大的范围比关联搜索更大。运营者使用这种搜索方式时，可自由发挥的余地更大，搜索到的资料更加丰富。

当运营者缺乏创作思路时，是不会有好的搜索目标的，此时可以使用放大搜索法，找出许多与之相关的资料或信息。运营者在看到这些内容的时候，或许能从中得到启发，找到一个较好的思路。

由于运营者将目标物的范围扩大了，所以难免会出现搜索结果与目标不太相符的情况，需要运营者对搜索内容进行比较和筛选，从中选出有用的资料。任何事情都有两面性，运营者在享受放大搜索带来的好处的同时，也要接受其不足之处。

比如，运营者在进行公众号文章撰写时，需要用其他人的小说与古龙的小说进行对比，这时可以在搜索框中输入"小说"来扩大搜索范围，搜索结果将会显示与小说相关的所有内容，运营者从中选取需要的内容来突出古龙小说的特点，让读者更深刻地理解古龙的小说，从而也让该篇文章以更加丰富饱满的形象出现在读者面前。

如今，最不缺的就是信息。但是读者需要有价值、有意义、有新鲜感的信息。创新是一种非常重要的特质，它不仅包括内容的创新，还包括趣味性的创新。内容的创新是保证内容价值的前提，而趣味性的创新则是留住读者、保持读者黏性的后盾。要想达到内容的创新和趣味性的创新，就需要公众号运营者使用放大搜索的方式广泛搜集材料，使自己创作的内容与市面上的大多数内容有不同之处，才能给读者一种新鲜感。

7.3.2 缩小搜索：将大牛当成蚊子

与放大搜索相对应的就是缩小搜索。缩小搜索作为迂回搜索的一种具体方式是可行的，用一种形象的方式来解释这种搜索方式，即将大牛当作蚊子。

当运营者找不到搜索思路的时候，可以放大搜索范围，为自己寻找更好的思路。同时，当运营者有了明确思路之后，就可以缩小搜索范围，锁定目标内容，节约搜索时间，提高搜索效率。

缩小搜索有两种操作方法：第一，优化搜索引擎；第二，同时使用多个关键词。优化搜索引擎在很大程度上等同于关键词的建设或优化。在百度中利用现有的搜索引擎规则优化目标关键词，使目标关键词无限接近目标搜索信息的核心。同时使用多个关键词将目标搜索信息控制在一定范围内，得出的搜索结果自然也就更精确了。比如，搜索"鸟"与搜索"白色""鸟"相比，前者包含的范围要大得多。运营者在使用这种方法时，要确保同时使用的关键词是属于同一类别的，且它们之间有从属关系，这样的话，输入的关键词越多，搜索引擎所反馈的信息将越精确。对于运营者来说，这样做会大大提高搜索效率。

运营者在撰写一篇文章的过程中，可以同时使用迂回搜索的两种方式：放大搜索和缩小搜索。这两种搜索方式代表着两种不同的搜索角度，同时使用时搜索出的内容更加丰富。任何一种搜索方式都有它存在的理由和意义，运营者在寻找资料的时候可以灵活应用。

8 模仿式写作步骤

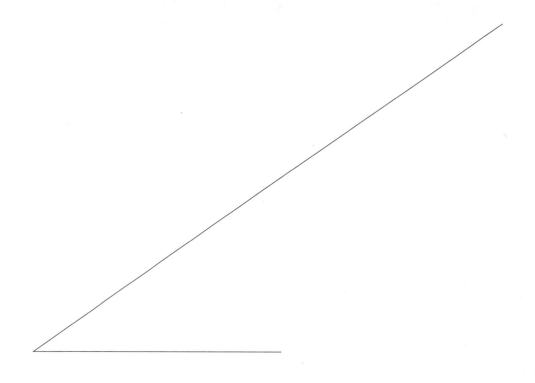

　　打造优质公众号文章除了需要搜集资料外,还需要将其进行有效应用,这样才能成为一篇优质公众号文章。本章将向大家介绍如何有效应用资料,将好的选题和优质的资料按照正确的写法步骤进行糅合,其结果就是1+1>2的效果。通常来说,公众号文章的写法可以分为五步:起笔、理论、案例、衔接以及收尾。

8 模仿式写作步骤

8.1 起笔分析：如何代入题目

"好的开始，成功的一半。"公众号的文章撰写也不例外。"万事开头难"，当开头的难事都已经解决了，后面的事情就会变得轻松了。文章的开头很大程度上决定了文章的质量，决定了文章能否成为一篇优质公众号文章。所以，公众号文章的起笔非常重要，值得运营者重视。

从心理学的角度来看，几乎所有人都非常重视第一印象。某一事物给自己留下了较好的第一印象，就会在心理上更加认同该事物，对该事物产生好感，直至最终对它形成强烈的信赖。撰写公众号文章也是如此，运营者要想方设法让自己的文章给读者留下较好的第一印象。

文章的开头直接与文章的标题连接在一起，所以运营者在起笔的时候，一定要仔细分析如何代入题目。如果文章的开头与题目的联系性不强的话，则会给读者一种突兀的感觉，很难给读者留下较好的第一印象。

前面的内容重点分析了公众号标题的创作，我们一直在强调文章的标题是吸引读者的关键所在。但是，仅仅吸引读者是不够的，将读者留下来才是公众号运营的最终目标，这也就需要内容在其中起作用了。标题吸引到了读者，但是读者在阅读文章开头的时候发现内容与标题并不一致。试想，读者还会继续阅读下去吗？还能对公众号保持较高的黏性吗？答案显然是否定的。

那么，运营者究竟用什么方式起笔呢？不管使用哪种方式，都需要遵循一条原则，那就是紧紧围绕标题展开。具体来说，起笔的方式有三种，如图 8-1 所示。

图8-1 三种常见的公众号文章起笔方式

1. 图片法

图片法就是指选用一张有格调、与标题有强相关性的图片作为公众号文章的起笔。图片往往蕴藏着极为丰富的内涵,能让不同的人做出不同的解读,所以这是一种极容易引起读者共鸣并得到读者认可的起笔方式。而且,图片能给人较强的视觉冲击,带给人视觉上的享受,因此用图片起笔是一种比较保险的方法。

2. 文字法

文字法就是使用纯文字形式的内容作为公众号的起笔。这是一种传统的公众号文章的起笔方式,也较为常见。比起使用图片起笔,文字起笔的要求更高。因为文字不像图片那么直观且丰富,文字传递出来的内涵相对来说比较直接、单一。如果表达的情感不准确,会影响读者对整篇文章的印象。

运营者选择文字法起笔,需要从三个角度出发去组织文字。

第一个角度是从文章的标题出发。一般来说,文章的标题是整篇文章内容的高度概括,如果文章的起笔与文章标题毫无关系,则会给读者一种跑题之感。

第二个角度是从文章的核心内容出发。每一个公众号都有自己的主题,每一篇公众号推文也都有其核心内容。运营者往往会将核心内容与公众号主题建立起联系。所以，当从文章的核心内容出发组织起笔文字的时候，能够增强起笔文字对读者的吸引力，增强读者阅读的兴趣。

第三个角度是从读者的兴趣点出发。如果起笔文字具有很强的趣味性，符合读者的趣味追求，就能给读者留下较好的印象，能让读者产生继续阅读文章的想法。

3.图文混合法

图文混合法是指同时用图片和文字作为公众号文章的起笔。这是以上两种文章起笔方式的综合运用。效果在于既能让图片丰富的内涵发挥它的吸引作用，又能用文字来辅助。这是目前应用非常广泛的文章起笔方法，很多知名公众号都使用。比如，公众号运营高手的起笔方式多为图文混合法。一张既具有高格调又与文章相关的图片，加上几句精炼的文字，组成了文章的起笔部分。读者往往看完这部分内容后，就被深深地吸引住了。

公众号文章的起笔部分不仅担负着吸引读者的责任，还起着提升辨识度的作用。如今公众号之间的竞争相当激烈，同类型的公众号越来越多。在这种情况下，运营者必须保证自己的公众号具有一定的辨识度，才能让读者从众多公众号中识别并认可自己。没有出彩的文章起笔，是不可能实现这一目标的。

8.2 理论分析：为什么要用这个理论

只有一个好的起笔是不够的，因为它难以持续吸引读者，一篇优质的文章还需要有一个好的理论。理论是作者的思想、观念乃至价值观的体现，是一篇文章与其他同类文章的区别所在，也是读者最为看重的内容之一。

因此，模仿式写法的第二步就是对文章理论的分析。

对于同一则材料，不同的人能从中找到不同的切入点，或者选用不同的理论来分析。不论是不同的切入点，还是不同的理论，都会带给读者不一样的感受。有的视角独特，有的视角偏大众。大众视角最为常见，也是最缺乏新意的，无法保证吸引力，读者极易产生审美疲劳。运营者想要打造优质公众号文章，需要在撰写文章的时候从不同的角度分析，得出新颖的理论。

比如，爱美之心人皆有之，尤其是女性，她们都希望自己能拥有白皙的肌肤。于是，很多化妆品公司推出了美白祛斑产品。有了产品之后，还需要吸引人们来购买。所以，化妆品公司进行广告宣传，大多数化妆品公司的广告语是"轻轻一抹，暗黄雀斑全遮住"这种类型的。这样的广告语强调的是遮住暗黄和雀斑，而不是根治。另一类化妆品广告语的大意是给肌肤补充充足的水分，从而淡化色素，最终根治皮肤暗黄以及雀斑。与前面的广告语相比，后面这种广告显然是从新的角度出发，更容易打动消费者，其原因不仅在于广告的新意，更在于效果。

事实上，消费者无法立刻知道产品的效果，它需要较长时间的使用才能得知。消费者往往会根据文字描述做出购买决定。因此，介绍产品时的切入点非常重要。

公众号文章的切入点也非常重要。读者在阅读"鸡汤类"文章时，希望能从中得到一种理论，一种能对自己的生活起到推动或指导作用的理论。读者在阅读热点事件的分析时，会对热点事件有自己的看法，这种看法通常是大众视角，如果运营者再一次用大众视角对读者已经熟知的热点事件进行分析，对于读者来说，就没有吸引。

比如，2017年共享单车是一个非常热门的词汇。这种为人们的出行带来诸多便捷的环保型交通工具，得到了人们的一致好评。于是，新闻、公众号运营者们纷纷夸赞共享单车的优点，以及为人们的生活带来的便捷性。实际上，类似这样的新闻或文章就是读者的真实体验，并不会让读者感到有何特别。

但是，吴晓波在其公众号"吴晓波频道"上发布了一篇《共享单车可能是一个冷笑话》的文章。从这个标题就能看出，吴晓波是以一种全新的视角来看待共享单车的。在这篇文章中，吴晓波谈到了共享单车无序投放带来的交通管理压力、对共享单车质量的担忧，以及容易遭到使用者破坏等问题。

吴晓波所指出的问题是切实存在的，也是容易被大多数读者忽视的。因此，当这篇文章发布后，引发了读者的思考，尤其是引发了共享单车发起者以及想要跻身共享单车行列的创业者的思考。这样的文章，自然能得到极大的关注，获得极高的阅读量。

运营者想要打造优质公众号文章，不妨在遇到问题的时候，多问几个"为什么"。比如，运营者在选择文章的分析角度时，可以问问自己，为什么要从这个角度入手？这个角度是否能吸引读者的注意力？除了这个角度是否还有其他可行的角度？经过这样思考之后，基本就能找到一个较好的理论分析切入点了。

8.3 案例分析：为什么要用这个案例

理论是抽象的东西，运营者想让读者信赖自己的理论，就应该为自己的理论寻找一些支撑依据。一般来说，这个依据就是案例。案例越典型、越有趣、越能证明理论的真实性，越能得到读者的认可。那么，案例该去哪儿寻找呢？每一篇优质公众号文章都有其成功的原因。或者是起笔精彩，或者是理论分析的视角独特,或者是案例经典……对于运营者来说,从他人的成功中吸取经验,寻找方法,是创造优质公众号文章的捷径。

另外,对于一篇优质公众号文章来说,运营者不仅要保证有经典的案例,还要保证案例与文章中所要阐述的理论之间具有极强的相关性,也就是所选案例要能够起到支撑文章理论的效果。如果不能达到这种效果,意味着案例有生搬硬套,甚至多余之嫌。一般来说,运营者在选择案例时,有三个可以参考的依据,如图8-2所示。

图8-2 选择案例时的三种参考依据

1.经典

经典指经得起推敲,已经得到了较多人认可的案例。运营者在文章中使用这样的案例,无疑能增强说服力,使自己在文章所阐述的理论最大限度地得到读者的认可。使用经典案例是打造优质公众号文章的一条捷径。但是,经典案例该去哪儿寻找呢?

经典案例是广为流传、较为常见的案例。一般来说,运营者留心观察生活,就能储备较多的经典性案例。比如,有关文案策划的经典案例有加多宝凭借"怕上火,喝加多宝"的广告语成功打开凉茶市场,成为凉茶行业的领先者。在此之前,加多宝做过很多广告,也使用过各种各样的广告语,但是产品的销量总是不尽如人意。自从加多宝与专业的文案策划公司进行合作,使用了对方为其量身打造的广告语后,加多宝的销量一改从前,出现了全新的面貌。至此,这个案例在文案策划界也成为经典。

如果运营者所写的内容是关于文案策划的，在文章中需要论证文案策划重要性的时候，采用加多宝的这一案例便是不错的选择。

2. 有趣

有趣是公众号吸引读者的一个重要方式。运营者要想打造优质公众号文章，还应该想方设法提高文章的趣味性。很多公众号文章由理论和案例组成，因此有趣的案例是提高文章趣味性的一个重要途径。

这里所说的有趣，既指案例本身的有趣，也指案例与其所证明的理论之间存在的趣味性关系。

有运营者推送了一篇《我活成了父母最讨厌的模样》的文章。这篇文章主要讲父母总是将自己的意愿强加在孩子身上，尤其是女孩子。在父母眼里，方便嫁人的工作就是好的工作，其他工作都是白费工夫。在这篇话题比较沉重的文章中，作者列举了她们公司三位同事的案例。尽管每一个案例的具体内容有所不同，但是它们的核心都是父母极不支持自己的女儿出去工作，尤其是出远门工作。案例的内容虽然沉重，作者的表述却充满了趣味，读者看完文章，既能产生共鸣，又不会感到压抑。

3. 新颖

公众号文章的理论要新颖，同样案例也要新颖。可能有人会说，案例的新颖与案例的经典性这两个要求之间存在冲突。其实不然。一方面，经典性案例也可以是新颖的；另一方面，这两种案例是针对不同的文章内容而言的，它们有各自适用的场景，在不同的场合使用不同类型的案例，才是最合适的做法，才最有可能打造出优质公众号文章。比如，在分析实用性较强的理论时，可以使用经典性案例，介绍的内容属于生活化的，则可以使用新颖案例。

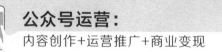

案例是公众号文章中的重要组成部分。运营者要想打造优质公众号文章，要想成为公众号运营高手，必须重视案例的研究和使用。运用恰当的案例，会使得优质公众号文章的打造事半功倍。

8.4 衔接分析：用什么样的衔接手法

理论与案例都是公众号文章的组成部分，它们互相联系共同构成公众号文章。那么，如何将理论与案例紧密联系起来呢？这需要一个恰到好处的衔接。看似毫无关系的理论与案例，经过衔接内容的牵引，形成互相印证的关系。

对于运营者来说，要想打造一篇优质公众号文章，还需要对文章的衔接内容进行分析。究竟使用何种衔接手法，才能让理论与案例之间实现无缝对接？才能让整篇文章显得十分流畅？这些问题都是运营者需要考虑的，也是本节要重点阐述的。

一篇公众号文章是一个整体，表明的是一个道理或者一种观念，其中包含理论和案例。当运营者根据选题确定了文章的理论，且为之找到了合适的案例后，可以分析理论与案例之间的相似之处，将之作为公众号文章的衔接部分。

文章的各个部分之间衔接得越紧密，文章就越流畅，文章质量就越高。从文章的总体结构来看，应该有某种逻辑关系，比如由浅入深、由表及里、先局部后整体、先总说后分说。运营者在撰写一篇文章之前，首先应对文章的逻辑结构作一个规划。基于这种情况，运营者的衔接内容也可以从文章的逻辑性入手。按照预先设想的文章逻辑关系，将已经确定好的理论与案例等内容按顺序陈列开来，并选用相应的逻辑连接词将其连接起来。这样一来，理论与案例之间就不再是相互孤立的，而是形成了一个整体。整篇文章也会让人觉得十分流畅，一气呵成。

还有一种情况是运营者不能忽视的，那就是一篇文章讲述了多个道理，也有多个与之配套的案例。遇到这种情况又该如何应对呢？按理说，这就是几个独立的小内容，虽然它们共同组成了一篇文章，但实际上它们之间并没有太大的关系。此时的衔接内容就是没有衔接词。这句话可以理解成：在独立的几个小故事或小案例组成的公众号文章中，不需要使用衔接词，直接将它们分为几个小部分，并为每个小部分加上标题，各个部分就能名正言顺地独立起来了。只要它们在整体上具有一致性，或能反映某一个一致性的观点即可。

总结来看，运营者有三种使用衔接内容的方法，如图8-3所示。这三种文章的衔接方法各有优势，也有各自适用的情况。运营者根据实际情况加以选择，才能让公众号文章更加流畅，更符合读者的思维习惯，最终给读者留下深刻的印象。

图8-3 使用衔接内容的三种方法

8.5 收尾分析：怎么总结这个题目

一个引人入胜的起笔，能给读者留下深刻的印象，而一个恰到好处的结尾，能让读者回味无穷。所以，一篇优质公众号文章必定是有始有终的，其结尾绝不会敷衍了事的。运营者需要对文章的结尾进行分析，这也是模仿式写法步骤的最后一步。

细节决定成败，工作和生活其实就是由无数个细节组成的，它像一个多米诺骨牌，只要轻轻拨动一个环节，后面所有的牌都会随之倒塌。公众号文章也是如此，它的结尾就是多米诺骨牌中的一个组成部分。如果运营者忽视了这一环节，那就可能造成功亏一篑的结果。之前苦思冥想的起笔，费尽千辛万苦找来的理论与案例，最终难以为公众号带来预想的吸粉效果。优质的公众号文章结尾的打造过程如图8-4所示。

图8-4 优质的公众号文章结尾的打造过程

1. 引经据典

纵观各大公众号运营高手，他们的文章结尾大多会引经据典。比如，有运营者发布的《我活成了父母最讨厌的模样》这篇文章，其结尾就引用了蔡康永在《奇葩说》上说过的一段话："爸爸妈妈对小孩来讲最珍贵的是什么？是给他一个理想的环境，让他变成自己。而不是变成我们要他变成的人。"这篇文章谈论父母对孩子的职业，乃至人生的影响这样一个话题，引用了蔡康永的这段话作为文章的结尾让整篇文章得以升华，拔高了整篇文章。

首先，名人本身自带光环效应，名人所说的话也更具说服力。

其次，蔡康永说的这段话，正是站在孩子的角度说的，非常契合读者的心理需求。当读者读完文章，再看到这段话的时候，会产生共鸣，还会觉得终于找到了一个理解自己的人，觉得自己的心灵得到了慰藉。

最后，这段话也是在警示父母们，尤其是那些极力干预孩子生活的父母们。不论是否已为人父母的读者，这段话都会引起他们的思考。

这样的结尾不会让读者看完这篇文章后就忘记了，而是会让读者回味无穷。试问，这样的文章怎么不会具有强大的吸引力呢？

2. 形成风格

公众号文章的结尾还要形成自己的风格。在内容同质化越来越严重的今天，将公众号文章的结尾打造得独具风格，也是保持公众号较强吸引力的一种途径。此处所说的风格，并不是倡导运营者将文章的结尾写得奇奇怪怪，而是想告诉运营者一定要让自己的文章结尾有特色，要与内容的整体调性相一致。运营者一旦确定了某种风格，就应该坚持到底，否则很难在读者的心中留下深刻的印象。

运营者坚持自己的风格，并不是要墨守成规、一成不变。时代在发展，读者每天关心的内容也在不断变化，如果文章的结尾始终不变的话，显然是不符合规律的，也无法满足读者不断变化的需求。运营者可以用不同的内容配合文章结尾的一贯模式和策略。比如，"新世相"经过一段时间的探索逐渐形成了图片加文章篇数的风格。虽然每天的形式未曾改变，但是内容是不断变化的。

读者在长期阅读过程中也会形成思维定式，或者叫作惯性思维。读者经常看到的模式突然改变，反而会让读者感觉难以适应，甚至影响读者对内容的体验。

3.不断优化

此处所说的优化与上面提到的稳中求变有相似之处。面对公众号运营中的激烈竞争，运营者唯有不断对内容进行创新、优化，才能让自己的公众号适应新的环境，适应读者不断变化的需求。比如，知名公众号"十点读书""黑马公社"等，它们之所以能一直保持较强的生命力和竞争力，就是因为它们在不断优化，不断更新。

模仿式写作的五个步骤全部介绍完毕，缺乏公众号运营经验的运营者可以先学习这种文章撰写方法。模仿式写作虽然是传统的公众号文章写法，但是实用性非常强，新手按照此方法撰写文章不容易出错。

9 研究性原创写作步骤

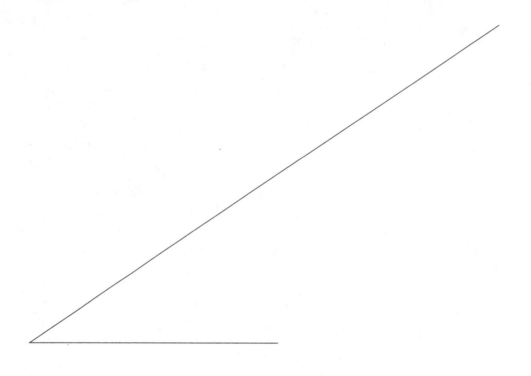

公众号中的优质公众号文章,绝大多数是原创性的内容。这就告诉运营者,想要打造优质公众号文章,还得在原创上下工夫,保证原创内容的质量。如果内容比较肤浅,即使是原创内容,也难以吸引读者,更别说保持读者的黏性了。运营者只有创造具有深度的原创性文章,才有可能促成优质公众号文章的形成。本章就为大家介绍研究性原创文章的六大写作步骤。

9.1 我要写一个什么方向的题目

创作原创性文章的第一个步骤就是选择题目的方向。那么，运营者该如何为文章的题目选择方向呢？

微信公众号越来越规范，腾讯官方也开始对原创文章采取鼓励和保护措施，有文章原创保护、赞赏功能、文章评论等。原创文章具有良好的发展潜力，运营者学习原创性文章的写作步骤很有必要。

1. 从读者兴趣入手

题目的方向决定了文章的内容，而文章的内容又决定其是否能吸引到较多读者。文章题目的方向在一定程度上决定了文章的吸引力。读者在对内容进行筛选的过程中，首先会从自己的兴趣入手，运营者在选择文章题目的方向时，可以将读者的兴趣作为切入点。

比如，读者普遍对理财知识具有浓厚的兴趣，那么运营者在确定公众号文章标题方向时，不妨从理财的角度出发，契合读者的兴趣与需求，对读者产生较强的吸引力。

要保证文章题目的方向符合读者的兴趣需求，前提是运营者对读者有一个清晰、准确且全面的认识与了解。当运营者对粉丝关注公众号的原因有一个准确的认识，就能够找到读者感兴趣的内容，也能为读者提供他们所需求的内容。

2. 从读者需求入手

熟悉并掌握读者群体需求的重要性又一次体现出来了。作为一名公众

公众号运营：

内容创作+运营推广+商业变现

号运营者，应该始终记住自己工作的目标就是满足读者的需求，得到读者的认可。公众号只有吸引更多粉丝，才能成为公众号大号，这也是公众号运营成功与否的一个判断标准。

比如，"十点读书"将自己的读者群体定位为具有良好教育背景的大学生及高级白领。因此，"十点读书"的文章题目方向是关于工作和生活方面，多是一些具有激励意义的内容。"十点读书"凭借着恰到好处的题目方向的指引，创作出了能击中读者心灵的内容。这就是"十点读书"一年涨粉1000万，成功融资6000万元的原因。

3. 从热点内容入手

考虑到热点内容对读者的吸引力，运营者在确定文章题目方向的时候，可以从热点内容入手。相对来说，这是一种比较简便的确定题目方向的方法。毕竟热点内容经常会出现，并且能引起较大的轰动。

但是，运营者要想利用好这一方法，也需要具备一些基本条件和素质。比如，运营者需要具备敏锐的洞察力，对热点事件保持较高的警觉性。否则，等热点事件的热度退去，再使用这个方向，文章的效果会大打折扣。运营者可以多关注各种热搜榜，及时发现热点信息，从中挑选出符合自己公众号主题的内容来。

知名公众号的运营者在接受采访时表示，他们有一个内容创作团队，成员有明确的分工。有人专门负责收集有用信息，有人专门负责图片工作等。不仅如此，关于公众号文章的选题、题目方向的确定乃至内容的撰写，都会由整个团队协商决定，既提高了公众号运营效率，又保证了内容质量。

团队分工协作的运营方式，值得每一位公众号运营者学习借鉴。这是一种确保不会遗漏任何重要信息的工作方式，能够紧紧把握读者的需求，并及时搜集热点信息。

9.2 这个题目对社会有什么意义

确定题目的方向后，接下来就该对题目进行思考和确定了。本书在前文已经介绍过文章题目的重要性，题目的好坏在很大程度上决定了文章质量的优劣。因此，运营者想要打造优质公众号文章，需要在文章的题目上下工夫。

公众号文章题目的拟定方法第一篇已经详细介绍过了，此处主要介绍如何确定题目的核心内容。如果题目的核心内容没有吸引力，或者没有意义，即便拟定出来的标题形式再新颖，其推广效果也不好。

一旦题目的核心内容确定，运营者就可以根据前面介绍的标题拟定方法去设置文章标题了。

公众号属于新媒体，是一种信息传播的途径。因此，公众号担负着媒体的职责，不能传播对社会不利的信息。读者作为一个社会人，需要的也一定是具有社会意义的信息。所以，运营者在确定文章题目的时候，还需要考虑文章题目对社会是否有意义。

比如，知名财经类公众号"吴晓波频道"发表的《逃离北上广？要走你走，反正我不走》《房子怎么了：限购之后，如何买房最机智》等文章，这些文章标题都具有极强的社会意义。

要确保公众号题目具有社会意义，公众号运营者必须具备社会责任感。否则，运营者本身不明白社会责任的意义所在，将很难做出正确判断。运营者的社会责任感需要长期培养，运营者在日常生活中要有意识地关注社会现实，经常思考。除此之外，运营者还可以关注一些社会评论家，听听他们对社会中各种情况的评论。

9.3 这个题目有没有三大认知亮点

在读者的认知中,有趣、有用、好玩的才是有吸引力的,才值得他们阅读。趣味性、价值性、好玩性是一个题目的三个认知亮点(见图9-1),当公众号文章的题目具备这三个亮点时,更容易引起读者的注意。

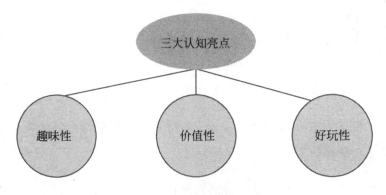

图9-1 题目应该具备的三大认知亮点

1. 趣味性

趣味性是一个经久不衰的话题,它在公众号运营中的作用也是有目共睹的。在公众号文章中添加趣味性元素后,吸引力会大大提升。那么,如何判断文章题目是否具有趣味性呢?

有趣的内容有一个显著的特点,就是能让读者感到身心愉悦。因此,判断文章题目是否有趣的一个简单的方法就是,看看这个标题是否能让读者发笑。可能有的运营者会说,读者是不确定的对象,不能一概而论,其实,大多数的感受是相同的,运营者可以自己读一读,推己及人,就能知道大众的反应。

增强标题趣味性的方法有很多，可以使用谐音词、双关语，可以化用一些趣味知识，还可以加入冷笑话元素等。运营者在使用这些方法的时候，需要控制标题字数，尽可能精简字数，达到言简意赅的效果。

2. 价值性

运营者想要让自己的文章在众多同类型文章中脱颖而出，在赋予标题趣味性的同时，还应该让其具有价值性。简单的趣味性能引得读者发笑，但是笑过之后也就忘记了，具有价值性则能引发读者的思考。

"罗辑思维"的节目播出之后，获得了极大的反响，收获了大量忠实粉丝，以至于之后"罗辑思维"推出的其他系列产品也在短时间内获得了读者的支持与信任。我想，其中的原因就是"罗辑思维"的价值性。读者能在有限的时间内，从"罗辑思维"获得大量有用信息。

"罗辑思维"的创始人之一罗振宇曾说过，潜在的读者市场非常大，关键在于你是否能把握读者的需求。在罗振宇看来，如今读者的需求就是有价值的内容，而且读者愿意为了价值性的内容付费。的确，"罗辑思维"的会员制取得了巨大的成功，这就是一个十分有说服力的证据。

为了增强文章题目的吸引力，运营者应该将标题中的价值性亮点凸显出来，让读者一眼就能看出，减少读者的思考时间，降低读者的阅读难度。"吴晓波频道"一直秉承这样的标题创作理念，比如《年轻时我们总是充满了焦虑，消除它的唯一途径只有学习》《单靠买房做资产增值的时代已经过去了》。

3. 好玩性

具有吸引力的标题还需要具有好玩性这一认知亮点。好玩性与前面的趣味性有相似之处，但两者也有区别。趣味性主要是针对内容而言的，好

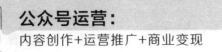

玩性则更多的是针对实际的操作方式而言。不仅公众号的内容有趣，其中提到的操作方式也十分好玩，这样的内容正是读者所需要的。

这三种认知亮点是针对大多数读者而言的。或许面对一些特殊的读者群体时，这三种认知亮点并不完全适用。不过，能征服大多数读者，公众号的运营就已经非常成功了。

9.4 资料去哪里找

公众号文章的题目确定了，也就意味着这篇文章的核心内容确定了，接下来就是让它变得丰富、充实起来。丰富、充实一篇文章的重要内容就是好的资料，包括案例、衔接内容等。那么，运营者该去哪儿寻找这些资料呢？

一种是线上搜索，另一种是线下查找。线上搜索包括百度搜索、知乎、豆瓣、其他公众号等。线下查找主要指查阅相关的书籍资料等。线上搜索资料的效率更高，我们在此主要介绍线上搜索资料的方法。

1.百度搜索

百度作为大型搜索引擎，所收录的资源十分丰富。在资源众多的情况下，不对关键词优化容易搜索出无关的内容，需要运营者对搜索结果进行筛选，加大了运营者的搜索难度。为了降低这种情况出现的概率，运营者需要对搜索关键词进行优化，搜索真正需要的内容。本书第7章介绍了在百度中搜索资料的方法，此处不再赘述。

总而言之，搜索关键词非常重要，运营者一定要重视，只有处理好这个问题，百度搜索才能真正发挥高效的作用。

2. 知乎搜索

知乎是网络问答社区，连接着各行各行业的用户，用户分享着彼此的知识、经验和见解，在网友中具有一定的影响力。不论是专业技术问题，还是小说、影评、时尚、娱乐，又或者时事热点，在知乎几乎都可以找到相关问题，以及非常专业的回答。

对于运营者来说，那些或专业或新颖的回答，一方面可以激发自己的灵感，另一方面可以作为公众号文章的资料。同时，可以根据网友的态度，得知大家更拥护哪一种观点，其原因又是什么，以此找到公众号文章写作的方向或论证的方法。

公众号运营者去知乎搜索资料，十分可行。

3. 豆瓣搜索

豆瓣与天涯论坛一样，都属于网络虚拟社区。不过，豆瓣更加专注于书籍、电影、音乐相关内容。生活中有趣、有用的事情也是豆瓣社区所关注的。如今，豆瓣社区的注册人数已经超过1亿，如此庞大的读者群体，注定会有许多有用的资料。

豆瓣社区创立的初衷是为读者提供有趣、有思辨性的高质量内容，读者定位是具有良好学历背景的大学生及白领。对于运营者来说，在一堆高质量内容中寻找资料，无疑是可行的。

从豆瓣的读者定位来看，其读者群体有着非常明显的特征。如果运营者的公众号定位与豆瓣的读者定位有相似之处，那么在豆瓣中搜索资料一定是高效的。

4. 在其他公众号中搜索

在公众号运营这一领域，已经涌现出众多公众号大号，它们创作的很多优质公众号文章被广泛传播。这些大号也可以供运营者搜集资料,那些优质公众号文章则可以作为运营者参考的资料。一篇文章能成为优质公众号文章,一定有它的特色,运营者可以研究这些特色内容,适当借鉴。

以上介绍的四种线上搜索资料的方式,运营者可以根据实际情况选择。除了这四种搜索方式,线上搜索还有一些其他途径,比如百度贴吧、微博、知乎。

9.5 如何进行文章布局

在撰写一篇公众号文章的过程中,以上步骤可以归为前期准备阶段。之后,就该进入终极准备阶段了,也就是文章的布局谋篇,即将已经确定好的题目以及已经找到的资料进行全局性安排。当运营者对文章的整体布局有一个把握之后,撰写文章也能一气呵成。

公众号文章的布局谋篇需要从六个方面展开,如图9-2所示。

1. 标题短小精悍且具有吸引力

2. 封面图片展示文章的核心内容

3. 摘要简短而不失吸引力

4. 理论新颖而具有价值性

5. 案例有趣且具有说服力

6. 独具风格的结尾

图9-2 公众号文章布局谋篇的六大内容

1. 标题

眼睛是心灵的窗户，那么标题就是文章的窗户。读者根据文章的标题就能大致知道文章的内容，甚至文章的价值。可能有的运营者会说，仅凭标题并不能说明什么，有时候标题写得不太好，并不代表文章的内容就不好。但是，对于公众号文章，读者往往是从标题来判断一篇文章的质量。

运营者要想打造优质公众号文章，在对文章进行谋篇布局的时候，一定要将文章的标题考虑进来，并且将之放在首要的位置来考虑。

母婴类公众号"小小包麻麻"的文章标题正是从读者的这种心理出发的，比如《孩子打架的真相，被打了要不要打回去？》《14款儿童驱蚊止痒产品深度解析！让宝宝轻松过夏天》。

2. 封面图片

公众号运营者为了给读者营造一种全新的体验，也为了打造公众号的独特风格，开始在公众号文章中添加图片。从读者的视觉体验角度来看，图片的添加能缓解读者阅读的疲劳感，更能增强内容的趣味性以及可读性。

要想达到好的效果，图片与内容必须一致，如果随便从网上找来一张图片放在文章中，可能会适得其反。尤其文章中的封面图片，更需要运营者谨慎对待。封面图片与文章标题会同时呈现在读者面前，因此它与文章标题同等重要。

3. 摘要

摘要指的是公众号文章中的总结性内容。通常情况下，公众号文章中的摘要就是一句话，位置往往在标题与封面之后。从摘要的位置可以看出其在文章中的重要性，所以对于摘要的布局也是运营者不能忽视的。

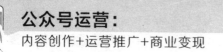

由于摘要的容量非常有限,因此必须确保摘要中的内容是精华,既对全文内容高度概括,又能对读者产生极强的吸引力。好的摘要内容还能形成一定的风格特征,给读者留下深刻的印象。

4. 理论

文章的观点要有理论基础,其价值主要通过文章的理论呈现出来。

5. 案例

公众号文章有了理论之后,还需要用案例加以说明,否则,理论就不具有说服力,也难以得到读者的认可。因此,运营者需要对文章的案例进行布局。案例一般具有两个作用:一是用来支撑理论;二是用来吸引读者。

运营者在挑选案例的时候,既要从理论本身出发,也要从趣味性角度出发,这样才能同时保证文章的质量和读者的阅读感受。只有这两者协调一致,优质公众号文章才可能出现。

6. 结尾

在大多数情况下,文章的结尾就是一段话。然而,运营者不能轻视这一段话,它在公众号文章中有着举足轻重的作用。

如果将公众号文章的撰写比作盖房子,那么对文章进行谋篇布局就是设计蓝图。有了设计蓝图的指导,盖房子时才能得心应手,提高效率。所以,要想打造一篇优质公众号文章,谋篇布局这一步骤是绝不能省略的。

9.6 确定行文风格

运营者将搜集到的资料进行了谋篇布局之后，按理说接下来就该进行文章内容的撰写了。但是，在撰写内容之前，运营者还需要确定该篇文章要以什么样的风格呈现在读者面前。不同的文章风格会带给读者不一样的感受，向读者传达不一样的情感。所以，研究性原创文章写作步骤的最后一步就是确定文章行文风格。

文章的风格决定了文章的表达方式。比如，当运营者确定自己的风格是严肃的学院风格，其表达方式也会相应变得严谨和专业，读者也会以一种学习的态度来接受它。文章的行文风格在一定程度上还决定了读者对待它的态度。

此处为大家提供三种参考方法：① 根据文章的核心内容来确定；② 根据读者的需求来确定；③ 根据当前的流行趋势来确定。

1. 根据文章的核心内容来确定

公众号主要依靠输出优质的内容来吸引读者，核心内容是最重要的。行文风格等要素都是为展示公众号文章的核心内容服务的。

从公众号文章的核心内容出发来选择行文风格，有助于更好地展示核心内容。如果公众号文章的行文风格与核心内容的性质不相符的话，则会影响文章内容的呈现，加大读者的理解难度。

比如，文章的核心内容是股价的暴跌，其表达方式却是俏皮呆萌风格，这会让读者质疑消息的真实性。像股价的涨跌、房价的涨跌这些专业性较强的问题，适合严肃、官方的行文风格。运营者可以在文章中引用适量的专业数据、专业术语，以此增强严肃性和专业性。

2.根据读者的需求来确定

归根结底，公众号文章是写给读者看的，能否成为优质公众号文章也取决于读者的喜爱程度。所以，运营者在确定文章的行文风格时，可以从读者的需求出发。比如，目标读者普遍喜欢幽默的行文风格，那么运营者就不要将文章写得过于严肃。

读者群体的需求与读者群体的特点紧密关联，读者本身的素质决定了读者会偏爱哪种风格的内容，因此公众号运营者对读者的定位要准确。比如，豆瓣定位的读者群体是具有良好学历背景的大学生以及高级白领，所以它提供的内容是注重精神享受的书籍、电影、音乐。

当公众号文章的行文风格切合了读者的需求后，读者在阅读这类内容的时候会更加轻松，更容易得到精神上的享受，这样的内容也更容易被读者主动传播开来，成为一篇优质公众号文章。

3.根据当前的流行趋势来确定

某种行文风格能成为流行趋势，就说明它具有特殊的优势，对读者有较强的吸引力，运营者可以将之作为参考对象。

当然，运营者在具体选择行文风格的过程中，还是要从自己的文章本身出发，这是最基本的要求。脱离了文章本身的行文风格，是毫无意义的。

学习心得

阅读完了，记下你学到的小妙招吧！

10 四大行文风格

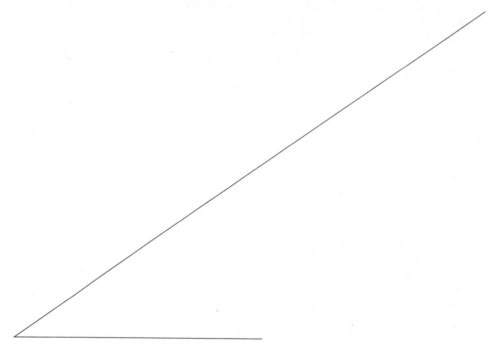

　　公众号文章的行为风格可以分为四类：学院风格、实战派、萌萌风格、女汉子派。虽然行文风格有所不同，但它们之间并无效果上的优劣之分。不同的行文风格有自己所适用的内容类型，当行文风格与内容一致时，能发挥出各自的优势。运营者需要同时掌握这四种行文风格，才能从容应对各种类型的选题。

10.1　学院风格：理论功底深厚，偏教材

顾名思义，学院风格指文章的理论性较强，像教材。这种风格的文章适合教育类公众号和专业性较强的公众号。这两类公众号需要向读者传播理论性强的内容。

现在出现的诸如金融类、理财类以及传播管理知识的公众号，本身具有较强的专业性，会涉及许多专有名词。因此，这类公众号的运营者在撰写文章的时候，应该使用学院风格行文风格，否则，会降低读者对文章内容的认同感，会让文章内容的专业性大打折扣。

运营者要想让自己的文章具备学院风格，自身还需要具备一定的素质。比如，对某一领域或专业有着较为深刻的见解，具备一定的专业技能，有一套专门的应对各种问题的方式和方法。因为对于公众号文章来说，即便是学院风格，最终还是要落实到对读者的有用性上。凡是关注专业性较强的公众号的读者，大多对这一类内容有一定的了解，甚至本身就是这一方面的专家。如果运营者的专业知识不够扎实，那么传播的内容也会存在漏洞。这种情况下，读者能够一眼发现其中存在的问题，这样的公众号也就难以留住读者，难以成为公众号大号了。

一个专注于提供专业知识的公众号，自然是内容越有深度越好。那么，如何才能让公众号文章的内容具有深度呢？这就要求运营者不仅要了解该领域的专业知识，还需要掌握一定的专业技能。俗话说："光说不练，假把式。"若运营者在文章中大谈特谈某一领域的理论知识，却完全不提具体的操作方法，这个公众号迟早会被读者抛弃。所以，一篇优质的学院风格文章，应该兼具理论与实践。实践是对理论的深化。

当运营者自身具备以上两项条件的时候,仅仅能保证写出来的文章不会让读者反感,要想让读者主动传播,将文章变成优质公众号文章,还需要一个条件,那就是运营者要总结一套关于该领域或该专业的"独门秘笈",即干货。干货能对读者的实际操作起到直接的指导作用,对于读者来说,就是极具价值的内容。干货不仅高效可行,而且具有独一无二的特点,能引发读者的广泛传播,保持读者的黏度。

学院风格的行文风格虽然重在理论性内容的传播,但是也要尽可能增强其实用性。毕竟,有价值的内容才是最具吸引力的。

10.2 实战风格:有效的,才是有用的

实战风格主要指文章实用性很强,能够对实际行动起到指导作用。从读者的角度来看,他们阅读了这样的内容后,就能派上用场,能解决现实生活中遇到的相关问题。因此,运营者有必要了解和学习这种行文风格。

知名公众号"李叫兽"由李靖创立,是一个坚持使用实战风格的营销类公众号。该公众号注册于2014年,仅在2014年一年就推出了百余篇高质量的原创商业分析文章,比如《做市场的人,不一定知道什么才是"市场"》《为什么你有十年经验,但成不了专家?》。

凭借这些优质文章,"李叫兽"获得了"WeMedia2015中国自媒体年会"年度十大影响力自媒体、虎嗅2016年度作家、鲁豫有约&新榜联合发布2016年最值得关注的深度自媒体等多项荣誉。2016年12月,百度宣布全资收购这家营销科技公司,李靖从此成为百度最年轻的副总裁。

李靖在"李叫兽"公众号中发布的文章最显著的特点就是实用性,几

乎每篇的阅读量都是10万+。"李叫兽"中的文章都与营销有关，包括对市场的分析、对营销技巧的介绍、对文案策划的分析、对读者的分析等。李靖十分擅长发现营销界中存在的种种问题，并且能够根据这些问题提出有效的、实用的解决方案。处于营销困境中的读者看完这样的内容后，往往会眼前一亮，豁然开朗。

比如，"李叫兽"中的一篇文章：《一张图教你发现用户的痛点，解决营销人的苦恼》是有关寻找用户痛点的，从这个标题就让人觉得这篇文章会很实用。用户的痛点是营销人员工作的切入点，找不到用户的痛点，或者没找准用户的痛点，都将直接影响到营销的效果。

这篇文章向读者介绍了制作"痛点定位图"的方法，还告诉了读者以痛点定位图为基础，进行横向及纵向的思考。介绍这些方法的过程中，列举了很多典型案例如大众甲壳虫、肯德基等。总而言之，李靖对每一种方法的介绍都具体到了如何使用以及实际使用效果上。因此对于读者来说，这样的内容就是有效且有用的，是具有实战指导意义的。

要创作这类文章，需要运营者具备丰富的实践经验，如果运营者没有丰富的实践经验，可以组建一个内容创作团队，招募具备这种能力的成员。

不论是运营者个人，还是内容创作团队，在撰写实战风格的文章时，一定要从读者的需求出发，力求击中读者的痛点。

10.3 萌萌风格：萌萌哒、亲哦等网络新词

以上介绍的两种行文风格比较严谨，是比较严肃的文章风格。虽然这样的文章有实用价值，但是公众号运营中不能只有这样的内容。所以，下

面为大家介绍第三种行文风格,即萌萌风格。

这种行文风格诞生于互联网,是一种适应新时代发展的产物。在互联网上,人们为了增加交流的趣味性,拉近彼此的距离,开创了这种萌萌风格的交流风格。比如,在交流中使用"亲哦""萌萌哒"这样的词语。

实际上,萌萌风格来自于欧洲,主要指服装搭配风格。后来在使用的过程中逐渐扩大了它的内涵,成为一种具有普适性的风格特征。它不仅可以指服装搭配特色,也可以指文章的写作风格,甚至还可以用来形容人的特点。中文意思指可爱、俏皮的风格特征。

萌萌风格的文章,最大的优势就是降低了文章的严肃性,舒缓了读者的阅读心情,拉近了与读者之间的距离。当读者看多了学院风格以及实战风格的文章后,再看到这种风格的文章,无疑能激发读者的阅读兴趣。

萌萌风格行文风格应该如何打造呢?有三个步骤,如图10-1所示。

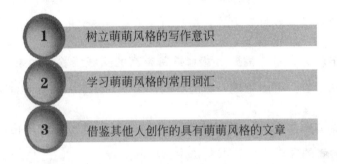

图10-1 打造萌萌风格的三种途径

1.树立萌萌风格的写作意识

如果运营者对萌萌风格的行文风格毫无了解的话,不太可能创作出具有萌萌风格风格的文章来。因此,要想创作出具有这种风格的文章,运营者首先需要树立萌萌风格的意识。运营者应该认识到这种行文风格的意义,这样才能让自己逐渐树立起这种意识来。

2.学习萌萌风格的常用词汇

运营者树立了这种意识之后,接下来就可以进入实践环节了。一种行文风格往往由一种表达方式以及一种特定的词语词汇来决定,这也就意味着运营者要学习积累具有萌萌风格的词汇以及一些常用表达方式。

这种行文风格主要流行于网络中,所以运营者可以去网上搜索萌萌风格的词语。比如,在百度、搜狗、贴吧搜索。尤其值得一提的是贴吧,贴吧中的内容是分门别类放置的,其中有专门关于萌萌风格的词汇,对于运营者来说,这是一个快捷高效的词汇积累渠道。

3.借鉴其他人创作的具有萌萌风格的文章

运营者借鉴他人创作的具有萌萌风格的文章,是一种十分直观且直接的学习方式。通过学习和借鉴,能够让运营者快速学习撰写萌萌风格文章的能力。实际上,无论是在公众号中还是在贴吧上,或者在一些网络论坛上,都有许多具有萌萌风格的文章,而且其推广效果非常好。

萌萌风格行文风格的内容对钟爱萌萌风格内容的读者来说,无疑具有极大的"杀伤力"。并且,现实生活中的确存在着这样一批读者,运营者学习并打造具有萌萌风格的内容,也是满足读者需求的具体做法。

10.4 犀利风格:观点明确,一针见血

能带给读者不一样感受的行文风格还有犀利风格。简单来说,它指的是一种个性豪爽,具有真性情的行文风格。文章里流露出来的都是真性情,能给读者传达一种真实可靠的感受,这种感受往往较容易打动读者,赢得

公众号运营：
内容创作+运营推广+商业变现

读者的信赖。

网络世界本身就是虚拟的，其中传播的消息包括传播消息的人，都不具有可感性。要是文章的行文风格也呈现出一种高深莫测、不可捉摸的状态，无疑会让读者质疑。如果选择犀利型行文风格，就能避免以上列举的种种不利影响。

运营者可参考这类优质优质公众号文章，在阅读和积累的基础上，进行适当练习。那么一段时间后，就能掌握这种行文风格了。

10.5 视觉志：《这样的熊孩子，给我来一打！》

2016年9月18日，微信公众号"视觉志"推送了一篇《这样的熊孩子，给我来一打！》的文章。从这个趣味性的文章标题就能看出，这是一篇萌萌风格的文章。整篇文章采用的是动图加文字解说的形式，增强了文章的可读性和说服力。这篇文章得到广泛传播，成为一篇优质公众号文章。

"视觉志"拥有超过数百万粉丝。但是，"视觉志"在注册之初完全是另一番景象。"视觉志"的创始人沙小皮是一个圈外人，没有资源，没有人脉，也没有传统媒体行业的背景和经验。就是这样一个"一无所有"的外行人，最终成为一位公众号运营高手。

沙小皮在接受采访时说过，"视觉志"之所以能成为公众号大号，有两个原因：第一，早期靠互推；第二，后期靠优质公众号文章。再一次表明优质公众号文章创作在公众号运营中的重要性。而且，"视觉志"在后期向内容转型的时候，也就是开始打造优质公众号文章的时候，其粉丝增速明显变快。凭借几篇优质公众号文章，"视觉志"的粉丝数量迅速突破了百万大关。

下面我们分析一下《这样的熊孩子，给我来一打！》这篇优质公众号文章的行文风格，希望运营者能从中得到一些切实可行的操作经验。

从文章的整体来看，主体部分是图片，是标题中所谓的"熊孩子"的图片，萌萌哒的小男孩瞬间能融化读者的心。看到可爱的小男孩，读者会情不自禁地思考：为何说他是熊孩子呢？在这一疑问的驱使下，读者会不由地继续往下阅读。如果只有图片，看多了会产生审美疲劳，但是加上文字解说后，效果就截然不同了。整篇文章中的图片都是不一样的，每一幅图片都有特殊的意义，有了文字的辅助说明后，读者能清楚地知道这些图片所代表的意义，也就不会觉得枯燥乏味了。

作为一篇萌萌风格的文章，其文章中的解说性文字自然也要具备萌萌风格特征。现摘录三段文字："累了困了就主动贴墙睡觉，别的孩子哭哭啼啼，但人家娃有神功啊，自带502功能你信吗。""红红火火的原因不说你也猜得出，美丽与武功的完美担当好嘛，不管是高空后台翻，还是蹿上蹿下的飞檐走壁。""一个人的速度与激情，你们不懂，打拳时候霸气侧漏，徒手攀岩，感觉地球人阻止不了他登天了。"本身就具有呆萌形象的小男孩，加上萌萌风格的解说方式，读者完全被这种行文风格以及文章内容吸引住了，不仅有大量的读者主动传播这篇文章，很多社交平台以及媒体平台也积极转发。在这种情况下，想不成为优质公众号文章都很难。

由案例可知，萌萌风格是一种高效可行的行文风格，要想实践这种行文风格，运营者要有善于观察的能力，要有善于发现的眼光，这些都是打造独一无二萌萌风格的前提。

任何一篇优质公众号文章的形成都有原因。"视觉志"的这篇优质公众号文章形成的原因可以归结为两点：第一，选择了恰到好处的行文风格；

公众号运营：
内容创作+运营推广+商业变现

第二，选材新颖。实际上，这两点具有很强的普适性，可以被广泛运用，公众号运营者可以直接借鉴这种方式。

10.6 看书有道：《真正伤害你的，是你的解释风格》

公众号"看书有道"也曾打造过一篇优质公众号文章《真正伤害你的，是你的解释风格》。这是一篇学院风格的文章，在发布后，引起了很多人的共鸣，得到了广泛传播，甚至有很多媒体、网站也争相转载。那么，这篇文章究竟有何过人之处呢？

我们从文章的起笔部分来分析。文章的起笔部分介绍了文章的写作目的。运营者说看到网上有一篇非常火的文章《真正伤害你的，是你对事情的看法》，自己并不认同这一观点，于是提出了自己的看法，即"真正伤害你的，是你的解释风格"。

这种起笔方式让人觉得很真实，读者容易对此产生信赖感。运营者说自己的这篇文章起源于他人的文章，也会勾起读者的好奇心，甚至质疑是否是抄袭之作呢？是否真的能超越前者？读者想要解开疑惑，就只能仔细阅读文章了。

你以为这篇文章仅仅开头出彩吗？如果只有开头部分具有较强的吸引力的话，也不可能成为一篇点击量超高的优质公众号文章了。这篇文章的真正精彩之处在于它的正文内容。

运营者在起笔部分介绍了文章的写作目的后，接下来在正文中开始发问。运营者针对那篇红遍网络的文章，提出了三个尖锐的问题，即"人们

10 四大行文风格

对事件的看法是怎么产生的?""从事件发生到看法形成,这中间又经历了什么?""有没有办法快速改变一个人的看法?"这三个问题激发了读者的兴趣,引起读者的思考。

提出问题之后,运营者就开始解答问题。在解答过程中,运营者不仅引用了大量理论,还使用了相应的案例辅助说明。比如,心理学上的"归因方式"。为了让理论更加通俗易懂,运营者将自己对这种专业性的理论理解用平实的方式表达了出来。这样一来,文章中既有专业理论作为说明依据,又不会给读者增加理解难度。

不仅如此,运营者在论证自己观点的时候,从多个方面展开,有生活事件、人生困境等。通过举例式的论证方法论证了自己的观点后,还给出了总结式的意见,正是这一意见让整篇文章得到了升华。

这篇文章的理论性特征在结尾处得以体现。运营者在结尾处介绍了美国研究小组创立的"归因再培训"的方法理论,并且通过这一理论告诉读者"一个人的解释风格是可以改变的,可以塑造的""改善解释风格就等于降低事件对人的伤害,最终提升事件对人的意义"。这篇文章的现实意义得以提升,对于读者来说,这样的文章才是有价值的。

运营者要想打造一篇学院风格的优质公众号文章,一方面可以从具有吸引力的切入点入手;另一方面要保证文章的现实意义,即对读者的价值性。

初入公众号运营这一行业的运营者,可以大量参考已有的优质文章,分析他人成功的原因并学习借鉴。一个公众号最好形成固定的行文风格,这样可以让读者在长期阅读过程中形成依赖。但是,在形成固定的行文风格后,运营者也需要偶尔变换行文风格,给读者制造新鲜感,避免读者产生审美疲乏。

公众号运营：
内容创作+运营推广+商业变现

学习心得

阅读完了，记下你学到的小妙招吧！

11 版式设计：封面、字体、字号、行间距

　　一篇有着超10万点击量的优质公众号文章，不仅有引人入胜的标题和高质量的内容，还应有让人感到舒适的版式设计。关于公众号文章的标题设计以及内容策划，我们已经在前面两章详细介绍过。本章我们将着重介绍有关公众号文章版式设计的问题。优质的内容加上恰到好处的版式设计，无疑能增强文章的吸引力，推动优质公众号文章的形成。

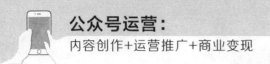

11.1 封面图片和内文图片

公众号文章版式设计中第一个要提的就是图片的设计,包括封面图片和内文图片。纯文字性的内容一方面会增加读者的阅读难度,另一方面却会降低文章的趣味性。大多数读者是利用碎片化时间来阅读公众号文章的,这就意味着读者阅读文章的时间比较短,注意力无法高度集中。纯文字形式的内容,不仅要求读者的注意力保持高度集中,还容易让读者的眼睛感到疲劳。在这种情况下,显然会影响读者的阅读兴趣和阅读感受。相反,在公众号文章中添加图片能增强文章的趣味性,有效降低这些不利影响。

11.1.1 封面图片:头图封面+小图封面

我们来看看如何为公众号文章设计封面图片。大家需要先明白封面图片的意义。简单来说,它是公众号文章中的第一张图片,是读者最先看到的图片。可以说,它相当于起笔,决定读者对此文的印象。由此可见封面图片的重要性。

具体来说,封面图片又可分为头图封面和小图封面。头图封面指的是公众号文章开篇所使用的大图片。小图封面则是指文章标题后面搭配的小图片。虽然图片的大小存在差异,但它们都是最先映入读者眼帘的,其重要性是一样的。运营者对待头图封面与小图封面应该一视同仁。

运营者在设计封面图片时有三个注意事项,如图11-1所示。

11

版式设计：封面、字体、字号、行间距

图11-1 设计封面图片的三个注意事项

首先，清晰是对图片的基本要求，封面图片的首要要求就是清晰度高，容易辨识。如果过于模糊，无疑会影响读者的观看感受。当读者的阅读受到影响后，很可能质疑文章的内容。文章内容即使都是干货，也难以成为一篇优质公众号文章。

如果运营者对封面图片的质量严格把关，清晰的封面图片能够降低读者的辨识难度，保证读者的阅读感受，读者基本上会自愿地继续往下阅读。要是文章中的内容十分有趣，且有价值，这样的文章会得到读者的主动传播。

在实际操作中，可能存在这样一种情况，即运营者找到的封面图片十分清晰，但是编辑到公众号文章中却变得模糊了。这种情况经常会发生。不同的运营者使用的内容编辑器不同，可能会导致图片清晰度发生改变，所以，每次编辑好文章中的图片后，要再重新点开文章查看一下效果。如果图片的清晰度出现了问题，及时调整，避免给读者带来不佳的阅读感受。

其次，不论是头图封面，还是小图封面，都要注意它的大小。这里所说的大小包括两个方面：一方面指图片规格的大小，另一方面指像素大小。头图封面的规格可以适当大些，但也不能太大，毕竟它与公众号文章的内容是一个整体，需要考虑它们之间的整体协调性。如果大小不搭配，就失去了版式设计的意义。

小图封面的规格也不能太小，毕竟需要展现一定的内容。如果其规格

过小,就意味着图中的内容无法很好地呈现出来,使得小图失去了它存在的价值。像素大小主要指图片的清晰度以及分辨率,它对图片的影响与上面提到的清晰度几乎一样,这里不再赘述。

最后,就是关于图片风格的问题了。第10章我们讲到了公众号文章的行文风格,事实上,文章图片的选择也受到行文风格的影响。不仅封面图片的风格要与行文风格一致,整篇文章中的图片风格也应保持一致。这样做的好处是增强文章的整体协调性,提升文章的质量。

以上提到的三个方面的问题,说大不大,说小也不小,很容易被运营者忽视,却极有可能成为优质公众号文章打造的决定性因素。版式设计得当,就能推动优质公众号文章的形成。所以,要想让自己的公众号脱颖而出,成为一个大号,就应该从小处着眼,重视细节。

11.1.2 封面图片要干净、色彩统一

封面图片要干净、色彩统一,这里所说的干净,主要指图片的背景干净,重点突出,且与文章的核心内容一致。如果文章所表达的观点以及所讲述的故事都与图片无关,那么这样的图片就是多余的,很可能还会起到负面作用。

运营者为了增强封面图片的效果,往往会选择有背景的图片,从效果上来看,这样会使封面图片的内涵更加丰富,能够向读者传递一种有深度、有价值的感觉。

有时,运营者还会在封面图片上添加文字内容,或者其他类型的内容。

此时,封面图片的背景干净就非常重要,它一方面能让读者感到舒适,另一方面还能突出图片中的文字内容,既兼顾了读者的感受,也能最大程

度实现运营者的目的。这并非是难以做到的事情,只要运营者在挑选封面图片时,多注意背景效果,就能避免。

除此之外,运营者还要注意封面图片的色彩问题。总体来说,封面图片越简单越好,切忌使用五颜六色的封面图片,这种图片会给读者带来极强的视觉冲击力,并不是所有读者都喜欢这样的感受。从心理学角度看,这样的图片还会让读者认为这是一种哗众取宠的做法,从而大大降低对内容的期待程度。

对于坚持原创封面图片的运营者来说,这一要求更是降低了原创工作的难度。省去了挑选颜色、搭配颜色的步骤。

不论是保持封面图片的背景干净,还是要求封面图片的色彩统一,它们的最终目的都是为了给读者制造一种良好的阅读氛围,为读者提供一种较佳的阅读感受。运营者在设计好封面图片后,可以先浏览一下,如果自己都感觉有所欠缺,那么读者看到之后的感受就可想而知了。

11.1.3 封面图片的主要内容尽量居中

要想打造一篇优质公众号文章,就应该考虑到文章会被广泛传播的问题。当公众号文章被读者分享到朋友圈的时候,微信后台会自动截取封面图居中的正方形内容。所以,想让文章中的精彩内容发挥作用,就应该将封面图片中的主要内容居中设置。

众所周知,经过广泛传播的优质公众号文章,其影响力也会增强。而运营者想要借助读者的传播力量,就应该重视文章在传播过程中的效果。当一篇公众号文章不仅能给粉丝一种极佳的感受,同时还能吸引粉丝之外的读者,那么这样的文章离优质公众号文章也就不远了。

公众号运营：
内容创作+运营推广+商业变现

对于所有运营者来说，潜在的读者远远大于公众号中已有粉丝数量的。如果能够提高潜在读者的转化率，打造公众号大号就是水到渠成的事情。要达到这样一种效果，就要求运营者时刻考虑读者的感受，包括潜在读者。

要想让封面图片起到吸引读者的作用，除了要保证封面图片的主要内容居中外，还要考虑封面图片的特色。具有特色元素的封面图片无疑能够增强其独特性，进而在读者心中形成一种整篇文章都具有独特性的感受。也就是说，这样能够增强读者对封面图片乃至整篇文章的认同感。

每一个公众号都有自己的定位。不仅如此，运营者在撰写每一篇文章的时候，也会对其进行定位。有了定位，公众号的运营以及文章的撰写才会更有方向性。其实，封面图片的选择也应该以此为基础，封面图片中的主要内容也是如此。与公众号的品牌形象相一致的封面图片及其文字内容，会让读者产生一种代入感，进而提升读者的阅读兴趣。

有的运营者会说，要想在网络中找到一张与公众号品牌形象一致的封面图片太难。事实上，这一点都不难。所谓世上无难事，只怕有心人。运营者在找到合适的图片后，完全可以自行修改。目前已经出现了多种公众号内容编辑软件，用这些软件就可以对图片进行处理，最终达到自己要求的样子。

运营者究竟有没有为读者着想？是否对文章的排版下工夫了？关于这些问题，读者都能从最终呈现在自己眼前的内容中找到答案。运营者用心了，自然能够创作出优质的内容来，而读者也能够感受到。可以说，公众号运营是由许多小细节组成的。公众号与公众号之间的差距，也正体现在这些小细节之中。

虽然将封面图片中的内容居中放置是一个小问题，但是我们还是用了一个小节的篇幅来讲。这就是要告诉大家，在运营公众号的过程中，不能放过任何一个细节，要尽可能做到极致。事实上，这也是很多公众号大号的运营秘籍。

11.1.4 文章中的图片与文章内容相近

运营者在文章中添加的图片要与文章内容相关。

在公众号文章中加入适当的图片，能降低文章的枯燥性，增强文章的趣味性，给读者留下深刻的印象。而公众号文章中使用的图片与文章的内容毫无关系的话，运营者在理解了文字传递的内容后，还要研究图片的意义，无形中增加了读者的阅读难度，迫使读者花费更多时间在阅读公众号文章上。一旦读者的时间有限，就会放弃阅读。

所以，运营者在进行版式设计时，要确保图片内容与文章内容一致，即便不能完全一致，也要保证图文之间具有较强的相关性，并且，这两者之间的相关性应该十分明显。毕竟图片更多的用途是帮助读者阅读的，不要让读者在文章的图片上花费太多时间。

运营者可以去网络中搜索公众号文章中图片，也可以自己创作。

比如，"视觉志"创始人沙小皮旗下有一个叫作"蛙哥漫画"的公众号，这个公众号中文章的图片就是原创。如今，"蛙哥漫画"的粉丝早已突破百万，这与其原创漫画风格的图片必定有很大关系。"蛙哥漫画"中所选用的内容新颖，搭配的图片独一无二，并且图片是根据所要表达的内容量身定做的。当读者在阅读内容感到枯燥时，便由图片进行调节。由于图片与内容有着很强的相关性，保证了读者即使在查看图片的时候，其注意力不会发生转移。

运营者在使用图片增强推文趣味性和可读性的时候,要仔细斟酌所选图片。

11.1.5 图片的色彩冷暖要一致

一般图片有多种颜色,其颜色也是一个值得关注的内容。从心理学的角度来看,不同的颜色会带给读者不同的心理感受。根据读者的心理感受,将颜色划分为冷、暖、中性三种色调。其中,冷色调包括青、蓝两种颜色;暖色调包括红、橙、黄三种颜色;中性色调包括紫、绿、黑、灰、白五种颜色。

冷色调容易让人觉得严肃,产生距离感;暖色调会给人传达一种积极、亲密的感觉;中性色调给人传达的心理感受往往较弱。在此主要向大家介绍冷暖色调的作用,如图11-2所示。

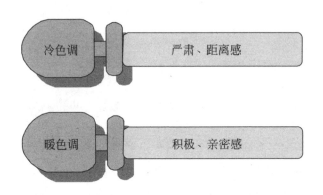

图11-2 冷暖色调带给读者的心理感受

虽然不同色调会给读者不同的心理感受,但它们之间没有优劣之分。因为公众号文章会营造出很多不同的情境或者说氛围,在这些不同的氛围中,它要求用不同色调的图片来与之匹配。

11

版式设计：封面、字体、字号、行间距

不同色调有各自适用的环境。当它们用在适合自己的环境中，则能起到积极作用。否则，所起到的作用都是负面的。运营者在为公众号文章排版的过程中，一定要根据文章的内容来选择相适应的图片，确保图片能起到衬托内容的作用。

在公众号文章的版式设计中对于图片色调的选择和使用，并没有明确的规定，由于文章的内容是由运营者自己创作出来的，因此运营者对于内容的版式设计也有极大的自主权，运营者可以根据实际情况选择图片。

尽管如此，还是有一点需要强调，不管运营者使用哪一种色调的图片，都要保证整篇文章中的图片色调是一致的，即要么都是冷色调，要么都是暖色调。如果运营者在文章的前半部分使用了冷色调的图片，那就意味着运营者想要给读者传递一种严肃或者庄严的感受。读者在阅读这些图片的时候，渐渐感受到这种气氛，如果文章后半部分突然出现了暖色调图片，就会与文章的整体风格不搭，会让读者觉得不舒适，也难以理解运营者究竟要在文章中表达什么样的感受。

在公众号文章中使用原创图片固然是好事，因为能带给读者全新的感受，给读者留下深刻的印象，但是只有在图片质量较高这一前提下才能实现。所谓图片质量较高，是指图片的色调统一，重点突出，容易理解。否则，原创的图片会让文章的效果大打折扣，难以得到读者的支持。

所以说，图片色调的一致性在推文版式设计中非常重要。具有一致性的色调，能加深读者对运营者在文章中所要传达意思的理解，从而拉近读者与运营者之间的距离。其实，这也是判断运营者运营技巧的一个方面。如果运营者能够在创作优质内容的基础上，再将内容以一种舒适的方式呈现在读者面前，读者对内容的关注度也会大大提高。

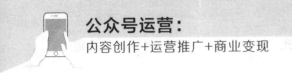

11.1.6　深度:《一段婚恋关系中,什么最可怕?》

"深度"是一个专注于情感类内容的公众号,打造了多篇优质公众号文章。"深度"所发布的文章,正如它的公众号名称一样,具有一定"深度",能引发读者的思考。这个特点,一方面表现在文章选材和内容上,另一方面则表现在文章的配图上。

比如,《一段婚恋关系中,什么最可怕?》这篇文章,从标题就能知道这篇文章所要讲述的主要内容。婚恋是大多数人都要经历的,所以这个选材具有极强的普适性,以这一题材为基础写成的文章,自然有着庞大的潜在读者群。这是这篇文章能成为优质公众号文章的一个重要基础。

文章的正文部分,运营者使用了自己亲戚的案例,这并不是一个幸福的案例,相反,这是一个非常悲惨的案例。由于运营者选定的案例主人公是自己的亲戚,这就大大增强了案例的真实性,读者看了之后不会觉得这是运营者胡乱编撰的故事。最重要的是,类似运营者亲戚的痛苦经历在现实生活有很多。很多正经历这种婚姻不幸的读者,或者是曾经经历过的读者,就会产生共鸣。在这些读者的心里,运营者就是与自己站在同一战线的队友,是值得信任的。

文章的最后,运营者提出了自己的观点,告诫广大女性要善待自己,要敢于与不幸福的婚姻决裂。有太多女性在婚恋中委曲求全,其实并不是因为她们不反对这样的生活,而是因为她们缺少支持她们决裂的力量。而"深度"的运营者通过这篇文章给予了读者这样一种力量。

看完公众号文章的内容,我们再来看看文章的版式设计。在这篇文章中,运营者使用了头图封面。头图封面是一张动图,内容是风起云涌的天空以及即将喷发的火山。图片用的是冷色调,非常简单。可以说,图片正

11

版式设计：封面、字体、字号、行间距

是文章内涵的展现，这也是运营者在向读者传达自己对待不幸福或不公平婚恋关系的态度。

这篇文章中的头图封面无疑非常给力，公众号头像所使用的图片也十分给力。"深度"公众号的头像是在干净的白色背景上书写了"深度"二字。简单明了的头像，起到了向读者二次宣传的效果。这种头像的设置方式也体现了文章的"深度"特征。

在公众号运营中，优质的内容加上恰到好处的版式设计，自然能增强公众号的魅力，确保文章的吸引力。运营者应该重视公众号文章的版式设计。

11.2 字体、字号、行间距

公众号文章的版式设计还包括字体的设计，字号以及行间距的设计。合适的字体、恰到好处的字号，都能为文章加分。读者在阅读这样的内容时，既能感受到文章的美观性，又能降低自己的阅读难度。从优质公众号文章打造的角度来看，这样的文章成为优质公众号文章的可能性更大。

11.2.1 字号：正文字号为14～18px，16px更佳

在公众号文章中添加合适的图片，能够增强文章的表现力，从而助推优质公众号文章的形成。但是大家不要忽略了一个重要的问题，那就是绝大部分公众号文章的主要组成部分是文字。文字的呈现方式会影响公众号文章对读者的吸引力。因此运营者在公众号文章的版式设计中不能忽略字

公众号运营：
内容创作+运营推广+商业变现

号的设计。

我们在强调封面图片设计的要点中，多次提到了要降低读者的理解难度，要力争让读者留下深刻的印象。事实上，这一要点放到公众号文章的字号设计中同样适用。的确，运营者在为文章选择字号的时候，应该本着便于读者阅读的原则。换句话说，运营者所选的字号要让读者看起来觉得非常舒适，有继续阅读文章内容的欲望。

考虑到大多数读者都是选择用手机查看公众号推文，而手机的屏幕相对来说非常小。所以，不论公众号文章的字号过大，或是过小，都是不合适的。

字号过大，会使得原本简短的内容需要很多页才能完全展示出来，版式也不美观，增加了读者的翻页时间，容易让读者放弃阅读。字号过小，会让读者在阅读的时候非常吃力，非常伤害读者的眼睛，同样会使读者放弃阅读。

那么，究竟多大的字号才合适呢？是否有一个标准可依呢？现在就为大家介绍合适的公众号字号，让运营者在选择字号的过程中少走弯路，同时为读者提供一种较好的阅读体验。

Word文档中用初号、一号、二号来衡量字体的大小，公众号文章编辑器中是用"px"作为字体大小的衡量单位。比如，Word文档中字体的小五号等于公众号编辑器中的12px；五号相当于14px；小四相当于16px。

显然，初号属于过大的字号类型，不适合用作文章正文字号。但是，可以考虑作为标题字号。一般来说，既能保证文章的整体效果，又能保证读者阅读感受的字号范围是14～18px，16px字号的效果最佳。手机阅读不会给人突兀的感觉，也不会让读者觉得眼睛难受。

14～18px只是一个普适性较高的字号范围，运营者在操作中，可以

11

版式设计：封面、字体、字号、行间距

根据推文的实际情况进行选择或调整。如果没有特殊情况，一般按照16px这个标准来设置字号，效果更佳。

11.2.2　行间距：1.5～1.75倍比较合适

除了公众号文章的字号会影响读者的阅读体验外，行间距也是一个不能忽视的影响因素。在字号合适的情况下，行间距不合适，依然不能保证读者有一个较好的阅读体验。

当然，不排除有这样一种情况，那就是文章的内容十分有趣，即使运营者没有注意设置文章行间距，文章依然成为优质公众号文章。但是，这种情况极少，不能因为偶尔出现的例子，否定了文章行间距设置的重要性。况且，没有运营者能保证自己的文章始终都处于趣味性极高的状态。

以学院风格为例，这种类型的文章往往理论性较强，趣味性较弱，如果其行间距过小，整篇文章就是密密麻麻的一片。别说是读者了，估计运营者自己写完之后都不想再看了。

文章的行间距过小，容易让读者产生厌烦情绪。文章的字号合适，行间距也设置得恰到好处，这样的排版效果较好，会给读者一种整洁、舒心的感受。并且，读者能够从中感受到运营者的用心，从而对公众号产生较强的信任感。

那么，什么样的行间距才是合适的呢？从人的视觉感受来看，行间距为1.5～1.75倍是让读者感觉较舒适的。这样的行间距不会导致整篇文章过于分散，也不会让读者觉得难受，或者看错行。最重要的是，这种行间距符合人的大脑的工作习惯和要求。

通常情况下，微信编辑器的默认行间距是1.0。运营者在编辑推文的时候，需要重新设置。其设置步骤与Word文档的设置步骤类似，即在工具栏选中"行间距"，然后在其下拉菜单中选择1.5或者1.75，如图11-3所示。

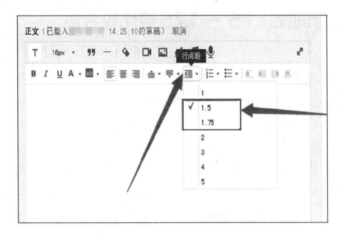

图11-3　行间距设置步骤

为了确保行间距设置的效果是最佳的，运营者编辑完内容后，可以先打开预览，发现问题，及时调整。直到自己在阅读过程中没有任何不良感受，再将推文发送出去。相信这样做能让推文的版式更完善一些。

11.2.3　每个段落不超过一屏

运营者在进行版式设计时还要考虑文章正文分段的问题。这与之前提到的字号设计以及行间距设计起到的效果是一样的。如果文章中的正文部分太长，手机一屏无法显示的话，同样会增强读者的阅读难度，给读者带来不佳的阅读体验，还会让读者觉得运营者不够专业。

尽管我们一直在强调一个公众号就是一个整体，运营者在进行版式设计的时候要注意公众号文章的整体性。但是，运营者在论述问题的时候不

11
版式设计：封面、字体、字号、行间距

是一步到位的，而是按照一定的条理、逻辑、层次进行的。如果运营者不对正文进行分段，而是将所有的内容都放在一段中，就毫无条理、逻辑、层次性可言了。

即使运营者对文章的正文进行了分段，也要注意每段不能超过一屏。宁可多分段，也绝不能让每段的长度过长。否则，读者的大脑处于持续高度紧张状态，会让读者没有耐心继续阅读。

现在很多人会在空余时间通过学习性较强的公众号来学习。有朋友提到过，遇到版式设计不佳、内容层次感不强的文章时，会放弃阅读。用他的话来说，就是"即便是学习，也要快快乐乐地学习。"因为内容版式效果不好的文章会让他感到非常难受，根本无法看下去，更别说从中学到有价值的内容了。

所以，要想成为一名真正的公众号运营高手，在进行公众号文章撰写的过程中，必须考虑这些问题。实际上，避免这种问题的方法非常简单，控制文章每段的长度就可以。一般来说，正文每段的长度在4～6行比较合适，行数的极限就是手机显示屏的长度。

不仅公众号文章的正文一段不能超过一屏，正文中使用的句子也应该以短句为主。同样的意思，用短句表达出来的时候，会更具气势，更加酣畅淋漓。这就是为什么广告词多用短句的原因。比如，"怕上火，喝王老吉"，其实这句广告词的意思就是"喝王老吉可以预防上火，可以有效下火。"但是，用前一个短句表达出来，更加耐读，更能打动读者。

在适当的时候，公众号文章也可以用一句话作为一段。总而言之，公众号文章贵在精，不在多。所以，运营者要想打造受读者欢迎的优质公众号文章，那就尽可能地用短句组成较短段落的文章。

11.2.4 段落之间至少空一行,让眼睛休息

前面的小节我们已经介绍过人的大脑需要休息,如果大脑长时间处于紧张、高压状态,显然于人的阅读感受不利。对于带给读者这种感受的文章,读者大多会放弃阅读。

不仅大脑需要休息,眼睛同样需要休息。读者在阅读文章的过程中,既不会感到脑子累,也不会感到眼睛累,就能表明文章的版式设计给读者带来了舒适感。那么,如何才能让读者的眼睛在阅读的过程中得到休息呢?答案是,将正文的各个段落之间至少空上一行。

通过设置文章的行间距可以增加舒适感,但在文章篇幅较长的情况下收效甚微,这时需要用另一种方法来进行弥补,也就是段落之间空行的方法。一篇文章是一个整体,所以段落与段落之间的空行不宜过多。一般来说,段落与段落之间空一到两行为佳。空行太多的话会给人造成文章松散、内容不严谨的感受。

按照文章的逻辑顺序或者层次顺序,对文章的正文内容进行分段,并在段落与段落之间空一到两行。这样,读者在阅读文章的过程中,不仅大脑能得到短暂的休息,眼睛也能得到恰到好处的休息。对于读者来说,这种阅读感受是令人舒适、适宜的。

11.2.5 线条和符号,引导视线

在公众号文章中添加适当的线条和符号,能起到引导读者视线的作用,这也是一种版式设计的方法。当文章的内容过长的时候,读者阅读起来容

11
版式设计：封面、字体、字号、行间距

易感到枯燥，如果文章中有一些线条或有趣的符号，能起到缓和作用，消除读者的不适感。

通常情况下，我们将公众号文章中的线条叫作分隔线。从这个名字就能知道这种线条的作用，即分隔文章的内容，减轻读者的理解难度，增强文章的层次感。我们在上一章中提到的内文图片，也可以作为分隔线来使用，只不过它是以图片的形式呈现出来的。

运营者在使用分隔线的时候，也需要掌握一定的技巧。比如，为了让读者更好地理解文章内容，会在开头介绍文章的背景。这段介绍与正文之间的联系并不是太大，如果强行将它们安排在一起，会影响文章的整体结构，此时在背景介绍之后加上一条分隔线，问题就很好地解决了，读者对文章的理解也会更加容易。

与在公众号文章中添加线条有异曲同工之妙的是，在公众号文章中添加符号，包括表情、数字符号、英文字母以及其他特殊符号。很多时候，只是一个简单的小符号，也可能带来意想不到的效果。这种小符号不仅能添加在文章的正文中，还能添加在文章的标题中。如图11-4所示，就是一个添加了小符号的文章标题。

图11-4　添加了小符号的文章标题

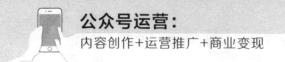

这个标题因为添加了简单大方的小符号，比较新颖，吸引力也因此增强了。当读者看到这样具有较强视觉冲击力的标题，会忍不住点开查看。

运营者在挑选小符号的时候，应该考虑其与内容的匹配性。两者之间的相关性越高，起到的烘托效果越好。反之，小符号出现得比较突兀，会让读者难以接受。

运营者添加小符号时，还应该考虑小符号的趣味性。公众号文章的趣味性是我们一直强调的，运营者打造优质公众号文章，更应该时刻考虑这一要点。

11.2.6 寻找外援：96微信编辑器、秀米编辑器

这是一个既看颜值，又看内涵的时代，即便内容再精彩，没有通过一个恰到好处的形式呈现出来，也毫无意义。公众号的版式设计不难，如果运营者没有找到正确的方法，操作起来也不会太简单。为了帮助运营者提高版式设计的效果以及效率，介绍两款高效可行的公众号内容编辑软件"96微信编辑器"和"秀米编辑器"。这两个软件专门针对公众号文章内容编辑开发，所以功能完善，操作简单。不论是公众号运营新手还是老手，都可以很快上手。

"96微信编辑器"是一款功能齐全的在线编辑软件，运营者要想使用这款软件，只需在浏览器中搜索"96微信编辑器"，找到官网链接，打开页面即可进行操作。该工具软件包含很多细分功能，这些功能满足了运营者对公众号文章编辑的种种要求。使用这款软件编辑公众号文章，可以很容易让文章的版式设计达到较佳的状态。

"96微信编辑器"还有一个非常显著的特点，那就是"手机预览"功能。当运营者在预览的时候发现版式设计存在不妥之处，就能及时改进，

11 版式设计：封面、字体、字号、行间距

确保最终为读者呈现最佳的版式效果。如果编辑器没有预览功能，运营者往往很难做到高效地检验。

"秀米编辑器"的优点在于操作简单，适合新手运营者。"秀米编辑器"主要分为秀制作和图文排版两种形式。"秀米编辑器"中众多的美化工具可以让运营者制作出炫酷的版式效果，这对于专注于娱乐性的公众号来说，无疑能极大地增强吸引力。

除了这两种公众号文章编辑软件外，还有很多编辑软件，如i排版、新媒体排版、微信排版。它们各有优缺点，但都比单独使用微信自带的编辑软件效果要好。所以，运营者在版式设计的实际操作过程中，可以综合运用几款编辑软件，确保公众号文章的排版效果。

公众号运营：
内容创作+运营推广+商业变现

学习心得

阅读完了，记下你学到的小妙招吧！

中篇

运营推广：种子期、发展期、成熟期运营重点

12
种子期：借助资源，借势推广

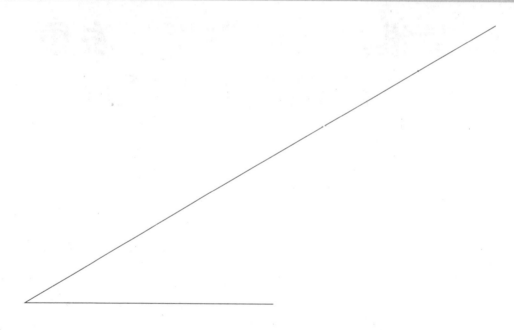

"种子用户"指的是公众号的初期用户，这些用户具备巨大的成长潜力。如果运营者在公众号初创期间，通过各种渠道获得大量"种子用户"，其公众号的后期宣传将会轻松许多。接下来我们一起看一下"种子用户"的具体特征，以及运营者如何通过各种渠道获取"种子用户"。

12

种子期：借助资源，借势推广

12.1 用户特征：匹配度与关联度高

公众号种子用户的核心特征是匹配度与关联度高，只要维护得当，对公众号产品的宣传与发展极其有利，而且维护起来也比后期发展的用户的维护要来得容易。公众号种子用户主要具备粉丝少，但易于维护以及分享、互动、主动传播频率高的特点，值得引起运营者的注意。

1. 粉丝少，易于维护

有很多人都觉得种子用户数量较少，影响力不足以波及其他目标群体，其实这个观点是错误的。很多公众号的目标定位在"用户多"，却不知道"用户精"才能给公众号带来更多的发展机会。种子用户虽少但精，基本上都是高质量的用户，符合公众号产品的定位。

数据表明，挖掘新用户的成本，是维护现有客户的成本的 5 ~ 8 倍，而公众号维持种子用户来却比较简单，不仅大幅度减少维护成本，还有助于公众号的营销，一击即中。

2. 分享、互动、主动传播频率高

当公众号的运营理念及其功能符合用户需求时，很容易吸引到高质量的种子用户，为公众号后期的发展奠下基础。而高质量的种子用户无论是分享、互动还是主动传播，频率都比后期用户要高，更有甚者会为公众号提供一些可行性建议，提高公众号的运营能力。

种子用户往往都符合公众号的选择目标，他们活跃度较高，影响力也不错，有利为公众号扩大目标用户数量规模。与之同时，用户因为与公众号的调性相契合，很容易引导其他用户关注公众号，运营者应该更加注重

公众号运营：
内容创作+运营推广+商业变现

公众号种子用户的发展，从而减少时间和精力。

种子用户在与公众号的互动上也做得很好，他们除了关注公众号的动态，还会根据公众号的内容发表评论，甚至提出相应建议。种子用户与公众号的互动不仅可以带动其他用户的讨论，还可以让公众号根据意见不断完善，在质量上获得提升。因为种子用户给公众号带来了很多有价值的建议，有一些公众号的员工甚至就是在种子用户中挑选出来的。

很多人都有一种心态：觉得好的、喜欢的，都想分享给亲密的人。种子用户对公众号也同样抱着这样的心态，当公众号给用户呈现出高质量内容的时候，用户感同身受或者觉得很有用处，都会主动将公众号传播出去。有的用户还喜欢把公众号的某篇文章转发到朋友圈，在更大程度上完成了公众号的裂变。

说到公众号的种子用户，我们就不得不提"百思不得姐"在公众号上的辉煌成绩。下面我们通过"百思不得姐"的案例，看看它的团队是怎么通过种子用户这一途径获得发展的。

"百思不得姐"是一款致力于提供有趣好玩的新鲜事的娱乐创意平台，其内容具备高笑点、超火热的性质，受到广大用户的喜爱。而在"百思不得姐"公众号开始运营时，就曾取得过一天吸引8万用户的傲人成绩。

"百思不得姐"团队看准微信用户黏性高的特点，选择通过公众号来拓展宣传宣传渠道，其中引流是一个大问题。"百思不得姐"团队通过慎重考虑，决定从APP上引导一部分精准用户到公众号上，成为种子用户。

这批种子用户在认可了"百思不得姐"公众号的内容后，自发地通过各大渠道分享或宣传其公众号，从而将大量用户引导至公众号中，并最终沉淀下来，成为"百思不得姐"公众号的粉丝。

我们可以看到，"百思不得姐"能够取得这个骄人业绩，除了内容有趣，最重要原因之一是在一开始就十分重视种子用户。"百思不得姐"抓住种子用户的特质，从APP上进行引流，让其成为公众号的第一批粉丝。这批粉丝不仅爱分享、活跃度高，维护起来还简单，从而为"百思不得姐"后期用户的剧增打下了坚实的基础。"百思不得姐"通过种子用户为公众号积累人气，加上新媒体运营策略得当，如今发展风生水起，阅读量也在不断增加。

12.2 联盟机制：打造利益共同体

清楚种子用户的特征后，运营者可以开始积累自己的种子用户，而公众号联盟就是一条不错的渠道。公众号联盟，实际上指的就是互推。互推不仅是一种零成本的推广方式，而且双方很容易实现共赢。在公众号的种子期，公众号应该学会根据自身条件借助其他资源做到有效引流。公众号联盟的方式有以下三种，如图12-1所示。

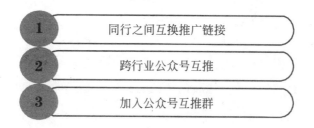

图12-1 公众号联盟的三种方式

1.同行之间互换推广链接

公众号运营初期难免会遇到用户过少，或者成员活跃度低的情况，而在这种情况下运营者想要在公众号中进行推广，效果自然不会太理想。所

公众号运营：
内容创作+运营推广+商业变现

以，运营者还可以适当地考虑同行之间互换推广链接。当然，前提是征得同行的同意，否则，很容易被看作恶性竞争，从而被同行针对。

想要实现同行之间互换推广链接，最好的交易前提是能实现双方共赢。简单来说，运营者想要在同行的"地盘"中推广，要让同行觉得有利可图，同行才会与运营者达成交易。同时，运营者应该也在自己公众号上对同行进行推广，使双方处于一种平衡的状态，都能实现自己的目的。

这样的推广效果自然不错，为了长远的打算，运营者应该表现出诚意，从而促进长远合作，以后再次使用这种方式进行推广，也就易如反掌了。

2.跨行业公众号互推

寻找公众号的种子用户，不一定非要在同行中实现互推，一些其他行业的公众号也能与其形成一定的相关性，用户群范围会有部分重叠，就像是使用碗的人中总会有一部分人同时使用筷子。

事实上，公众号之间进行跨行业合作，用户早已见怪不怪。跨行业进行公众号互推，不仅刺激了双方用户的兴趣，从而引导他们"尝鲜"，还能减少宣传成本，达到互相引流的效果。

为了选择高质量的种子用户，运营者最好严选互推对象，在其他行业寻找一个"门当户对"的互推者。"门当户对"的公众号更容易进行合作，互推起来也会更加用心。互推对象选择得好，双方用心互推，内容又有足够的吸引力，就能达到吸引种子用户的效果。

"强扭的瓜不甜"，公众号实现跨行业互推，必然要基于用户共同的诉求，否则对种子用户的效果引流不大，运营者浪费了时间和成本。只有双方用户达成一致，才有可能达到强强联手、实现共赢的目的，就像是平安陆金所与《罗辑思维》的跨行业合作案例一样。

另外，互推的公众号双方都有自己的营销目标，在互推过程中难免需要磨合。所以公众号进行跨行互推时，一定要先分析自己的目标受众，寻找合适的其他行业的公众号，从而引起相关用户的关注，并沉淀为种子用户。

3. 加入公众号互推群

我们都知道"礼尚往来"是中国的传统美德，放在公众号互推上也是一样的道理。如果运营者加入一个人数较多、影响力较大的公众号互推群，然后找到正在进行推广工作的群好友，主动提出在公众号上帮其推广。作为回报，这位群好友也会同样在他的公众号上帮运营者推广，甚至拉进别的推广群中，让运营者多获得一个推广渠道。这样一来，运营者在极短的时间内，就能够获得比较有质量的推广。

按照这种思路，如果运营者能与多位群好友达成交易，那么运营者所具备的互推人数的数量也就不容小觑了。即使每个群中只有500名用户，这样也能形成一个庞大的互推群体，运营者还需要担心其推广效果吗？

运营者要想与群好友之间进行公众号互推，并且获得一定效果，前提是进入一个高质量微信群。那么问题来了，运营者的具体做法应该是什么样的呢？其实，运营者可以先去搜索类似的群，并以群成员的身份加入群中。然后，运营者在群中积极发言，并且积极与群成员互动，获取群成员的关注。渐渐地，也就能拉近与群成员之间的距离，甚至成为好朋友。此时，运营者就可以提出互推的请求。在这种情况下，这一请求经常能得到肯定的回应。

况且，当运营者对对方有一个深入的了解后，就能根据对方所做的内容判断对方公众号的粉丝是否能转化为自己公众号的粉丝等，这样得来的用户是非常精准的，推广效果也就能有了保障。

运营者与群好友之间进行公众号互推,这不仅是一种零成本的推广方式,还能大大提高运营效率。所以,不论从哪一个角度来看,运营者都应该对加入公众号互推群的做法表示支持,并付诸实践。

加入公众号互推群就是资源的综合利用,是一种互利共赢的方式。自然,只要运营者有一个质量较高的微信群,认真经营,推广基本就能达到一定的效果。

12.3 付费推广:邀请名人、网红大咖转发

公众号推广中免费渠道虽多,但付费推广有着免费渠道推广不可比拟的优势。运营者可以根据自身实力,选择付费推广。下面我们来看看公众号使用付费推广,邀请名人、网红大咖对公众号进行宣传有哪些优势,如图12-2所示。

图12-2 邀请名人、网红大咖宣传的三大优势

1. 增强宣传效果

名人、网红大咖的共同特点就是拥有大量粉丝,借助其名气进行宣传,就像"站在巨人的肩膀上",对于刚开始运营、急需种子用户的公众号来

说，这无疑是一条宣传的捷径。名人、网红大咖对公众号进行转发，充分挖掘了粉丝对名人的信任甚至模仿的心理特点，有利于粉丝的转化，让其粉丝直接发展为公众号的"死忠粉"。

2.强化公众号形象

由于名人、网红大咖的特殊定位，其推广的公众号也经常被粉丝理解为优质公众号，由名人、网红大咖推广可以提升公众号的信誉度和名誉度。

很多人对公众号的特性都不太清楚，而名人、网红大咖可以通过自己独特的宣传方式，多方位诠释公众号的特性，让公众号的形象概念变得鲜活生动，更利于粉丝的理解。粉丝也可以根据这一点了解公众号特性，考虑公众号是否符合自身需求，进而转化为公众号粉丝，而公众号达到了良好的宣传效果。

3.提升商业价值

名人、网红大咖的转发，可以吸引市场注意，从而提高公众号知名度。就像是新浪微博的大V们，每一条微博都能获得高点击率。公众号通过新浪大V的转发，可以获得巨大的浏览量，商业价值也因此而逐渐提升。

下面我们以华商韬略国际文化传媒中心的"名人堂"作为案例，来看看如何通过联合众多名人，吸引公众号种子用户。

华商韬略国际文化传媒中心包括华商韬略自媒体、华商众筹广告、华商名人堂讲座三大核心业务，以下简称华商韬略。毫无疑问，华商韬略是金融领域的又一重磅机构。众多著名商业人士的加入，使得这一文化传媒中心成为了一个权威性的信息传播机构。因此，华商韬略获得众多粉丝的主要原因之一就是有众多名人为其"打call"。

华商韬略旗下有一个专门针对华商名人进行传记式报道的网站和APP。

公众号运营：
内容创作+运营推广+商业变现

华商韬略曾经与北京大学合作举办了一场名为"PKU Speech·华商名人堂"的讲座，其中邀请到的嘉宾有美国前劳工部长赵小兰、美国福茂集团董事长赵锡成、香港中华总商会会长杨钊、香港恒隆地产有限公司董事长陈启宗、美国JM集团董事长王文洋洋、泰国正大集团副董事长蔡旭峰等。仅看这些嘉宾的头衔，就能知道他们在商业领域内有着非同一般的身份。

在这次活动中除了有海外知名的华商参与并发表演讲外，北京大学党委书记朱善璐教授、北京大学校长林建华教授等领导也是这次活动的嘉宾。从华商名人堂讲座的出席嘉宾身份中就能看出华商韬略在商业中的重要地位。

不仅如此，华商韬略还会对名人的创业经历进行深度报道。对于有志进入创业领域的年轻人来说，这就是可以直接借鉴学习的内容，是非常珍贵的内容。正是因为这样，华商韬略成为了商业组织中的品牌性公司。

12.4 资源少，但执行力到位也能行

初创团队在刚开始进行公众号运营时，资源并不多，获取种子用户的难度较大。在这种情况下，运营者可以选择高效执行，加大宣传力度，同样可以增加获得种子用户的几率。

1. 增加QQ、微信群转发力度

有了QQ或微信等推广平台，只是搭建了一种推广的渠道。至于这种推广渠道的效果怎么样，还取决于运营者的执行力。如果运营者执行到位，那么推广效果自然不会差。而如果运营者只是存在于这些平台，对其宣传

12 种子期：借助资源，借势推广

执行并不上心，那么这些平台的存在也就毫无意义可言了。

不少运营者都同时建立多个QQ群、微信群，所以我们就来讲述如何同时通过这些群把宣传执行到位的问题。多个QQ群、微信群都要以公众号为核心建立起来，所以多个QQ群之间是存在联系性的，运营者可以编辑一则宣传消息，同时发送到这多个QQ群、微信群中。

虽然每个群中聚集的用户的兴趣爱好可能会有略微的不同，但他们之间必定存在共同点。基于这种情况，当运营者同时在多个QQ群、微信群中发送同一篇文章，是能够形成一种轰动性效应的。而这正是我们所希望看到的。长期坚持的话，QQ群中的用户也就会形成一种习惯，每到固定的时间就会主动查看群消息。

到了这一步，运营者就要加大转发力度。因为用户在之前的宣传内容的熏陶下，已经渐渐形成一种习惯。所以，当运营者加大转发力度，群用户也会觉得能接受。在运营者不断加强宣传的情况下，群成员自然而然被吸引到公众号上，成为公众号的种子用户。

2.增加公众号的发布力度

宣传渠道再多，也需要公众号的优质内容作为基础。当公众号发布符合用户需求的内容时，被吸引而来的用户自然而然地能够被沉淀下来，甚至主动宣传公众号。下面我们通过携程每日特惠公众号的案例，看看它是如何在发布内容上执行到位，将用户吸引过来的。

"世界那么大，我想去看看"，这封"史上最具情怀"的辞职信在2016年红遍了大江南北，道出了许多人的心声。可是有人却因为"钱包那么瘪，哪也去不了"。针对这一问题，携程的公众号携程每日特惠做出了相应的解决方案，那就是为用户提供特价旅行产品，同时还为用户推送关于免费旅行活动的消息。这一内容的添加，让携程拥有了第一批种子用户，并不断形成裂变。

该公众号的特价旅游产品包括特价机票、特价景点门票以及酒店优惠券等。由于是特价产品，所以每天推出的具体产品不同，并且是限量推出的。凡是关注了该公众号的用户，都能抢购特价旅行产品。

毫无疑问，这样的内容对用户的吸引力是巨大的。不仅如此，携程每日特惠还推出了免费旅行的活动：有免费住宿，也有免费机票，还有免费景点门票等。不过，免费名额都是有限的。只有关注了该公众号的用户，才能参与免费获得旅行产品的活动中来。

至此，大家也就不难理解携程每日特惠为什么能收获那么多种子用户了。其做法虽与促销有相似之处，但是其发布的内容都有认真执行，而不单单是博人眼球。所以，运营者想要通过各种活动的形式来提升公众号的知名度，那就需要贯彻执行力。这种做法可以成为公众号运营者的一个借鉴方法，让公众号累计更多的粉丝。

假如运营者仅仅将发布内容作为一个噱头，并没有落实到位，这种做法最终只会失去用户的信任，让用户选择放弃关注公众号。运营者应该以真诚的态度对待用户，将发布内容认真执行，用户自然而然被引导过来。

种子期：借助资源，借势推广

学习心得

阅读完了，记下你学到的小妙招吧！

13

发展期：推广渠道多元化

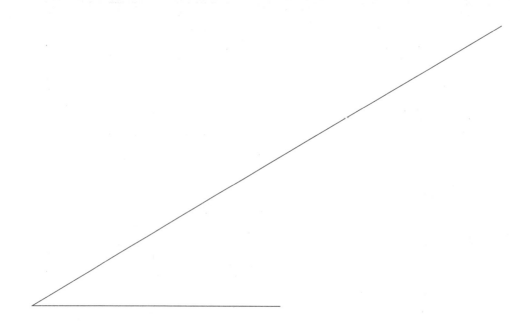

　　过了种子期，公众号就该进入大力发展用户数量的发展期了。很多人都认为发展期过于漫长，难度必定也随之增加。其实不然，运营者在发展期只要找准公众号推广的发力点，就可以加快吸粉速度，让公众号迅速发展强大。本章我们将从三个方面详细说明如何在发展期加大推广力度，促使公众号得到良性的发展。

13

发展期：推广渠道多元化

13.1 群流量：微信群、QQ群

微信如今拥有9亿的用户流量，大部分用户都有着各种各样的微信群，而QQ群支持2000人在线聊天。显然，微信和QQ这两大流量入口是公众号推广宣传的两大渠道，通过这两个平台的推广，公众号可以大大提高信息的传播率。而当运营者同时在多个社群中进行推广，其推广效果必然得到加强。所以，运营者通过社群流量进行内容推广是十分可行的，如图13-1所示。

序号	方法
1	互换微信群、QQ群
2	固定时间段分享消息
3	微信红包助力转发

图13-1 社群流量进行内容推广的三种方法

1. 互换微信群、QQ群

资源是不怕多的，运营者与其他人进行资源共享，比一个人单打独斗强很多，而互换微信群、QQ群就是一个不错的办法。与他人进行资源共享，有利于双方实现共赢。

互换微信群、QQ群的前提是经过他人同意，否则对方会觉得你在抢占用户，从而将你踢出群。为了显示运营者的诚意，运营者应该主动提出互换微信群、QQ群的要求，并先邀请对方到自己的群中当管理员，以便进行推广。在对方看来，这种合作方式十分有诚意，也就不好意思拒绝运营者的要求。

公众号运营：
内容创作+运营推广+商业变现

当然，为了保险起见，在互换过程中，运营者可以使用自己的小号或者嘱托一位可以信任的人，充当对方群中的"卧底"，时刻关注对方群动态，避免给自己造成损失。

2. 固定时间段分享消息

各大类型的群的最基本的功能是分享，而这也是有助于实现推广目的的。所以，运营者千万不能忽略了这一功能。利用这一功能的具体做法就是在群里发布消息。

在群里发布消息是一件极易操作的事情，然而要保证其效果却不是那么容易能做到的。要知道，群里的消息是按照发送时间的先后顺序排列的。也就是说，当同时有较多的用户在群中发布消息时，消息的发送时间最新，则会显示在最前面。所以，为了提高推广的质量，运营者需要选择一个最佳的时机发送消息。

考虑到QQ、微信都是社交软件，娱乐性较强，用户在闲暇时间内使用它的频率更高。一般来说，中午12点到1点，下午6点到晚上11点，这两个时间段属于闲暇时间。不论是对于上班族，还是对于学生党，他们基本会在这两个时间段内吃饭、休息。与此同时，他们往往也会打开手机查看朋友分享的最新消息。

由此看来，运营者最好将消息发送的时间定在这两个时间段内，可以在这两个时间段内分别发送两条消息，也可以选择只在其中一个时间段内发送消息，这还要根据运营者的实际情况来定。当然，发布的消息过于频繁，可能会让用户产生厌烦情绪，那么效果就适得其反了，所以运营者要把握好度。

3. 微信红包助力转发

众所周知，"抢红包"已经成为广大用户当下热衷的一种娱乐方式。在

13

发展期：推广渠道多元化

现实生活中，很多人看到地上的一块钱都会无动于衷，但是在QQ或者微信上抢红包抢到一块钱，相信会有不少用户高兴得不行，这就是"抢红包"的魅力所在。

公众号运营者可以充分利用抢红包的特点，提前在各个群中通知将会在什么时候发红包，激活一部分用户。让微信用户尝到甜头，相信运营者的活动的真实性之后，运营者再次提醒发红包时间，但是这次可以附加条件，比如将该公众号转发到朋友圈，截图可领取红包。虽然会有部分投机取巧的用户，领完红包后立删朋友圈，但是大多数用户还是较为可靠的。在其转发过程中，也有不少用户会看到公众号及相关文章，并有一个初始印象。坚持下去，必然会有一大批用户被吸引到公众号中，成为公众号的"小粉丝"。

公众号推广想要得到比较好的效果，必然要投入一定的资金。而红包作为推广方式之一，其成本远比其他付费推广方式低，宣传效果也不错。只要运营者使用得当，相比于红包成本，其实公众号收回的用户回馈利润更高。

13.2 直播、短视频推广模式

在2017年，抖音APP等小视频软件受到国内众多用户的追捧。直播或者小视频以其内容的有趣性以及互动的及时性，吸引了一大批的粉丝，而这也正为公众号的推广宣传提供了一种可行的渠道。

"欢迎/收看某节目，本节目由某企业独家冠名播出。"很多电视节目开头/结尾的第一句话都是这一句话，很多人都不懂单独提一下名字会得到什么收益。但事实上，观众长期观看这一节目，就会对这句台词烂熟于心，日后有相关需求时，想到的一般都是广告所提起的品牌。

同理，运营者可以借助直播或者短视频来宣传自己的公众号，在直播或者短视频中，恰当提到公众号的名称，这对于公众号来说大有益处。运营者在直播或者小视频中频频提及公众号的名称，但没有过多推销，这种类似于广告般的植入，能被很多用户所接受。但是直播或者小视频等平台中的用户大多都追求一种趣味性，所以运营者在提及公众号名称的时候，切不可过于生硬，否则只会让用户心生厌烦情绪，而不能达到推广的目的。

运营者应该要巧妙地向用户宣传自己的公众号内容。比如，运营者可以在直播平台中提出一个与公众号相关的话题，然后围绕这个话题讲一些有趣的案例。最后再提到所要推广的公众号。这样一来，推广就变得十分自然，而不是生硬的广告了。

运营者在介绍自己的公众号的内容时，应该注意语速，不能过快，也不能过慢。语速太快，不利于用户记忆；语速过慢会显得非常刻意，广告意味会非常明显。但是运营者可以多提几遍，加深直播或者短视频用户的印象。

下面我们通过"美食台"的小视频推广案例，看看"美食台"是如何将自己公众号内容融入短视频中，获得大众认可并进行推广的。

可能在很多人的固有认识中，文字或者图文是公众号文章的主要展示方式。实际上，大家见的最多的公众号内容形式也就是文字或者图文形式。但是，这并不意味着公众号的内容展现形式就只有文字或图文形式这两种方式。"美食台"公众号就敢于大胆创新，将内容以视频形式展现出来，给用户一个最直观的感受，吸引了众多用户。

"美食台"选用视频这一展示方式，既实现了内容创新，又达到了推广的效果。一方面视频能将美食制作的整个动态过程展示出来，这就弥补了静态图片的不足之处；另一方面视频所展示的内容直观而又形象，深受用户喜爱。只要选对了方法，公众号推广工作也可以事半功倍。

"美食台"的短视频推广是有技巧的。现实生活中，人的注意力集中的时间是有限的，长时间对某件事情保持高度注意力，则很容易让人对此产生反感，所以很多用户都不会花费较长时间去看一个美食视频。为了保持用户的观看体验，不至于引起观看者的反感情绪，"美食台"所播放的视频的时间都控制在3～5分钟之内。通过专业的剪辑，只留下重要的操作过程。这样一来，用户只需要利用碎片化的时间就能观看完"美食台"的视频内容。对于用户来说，在闲暇时较短的时间内就能得到一场视觉上的享受，何乐而不为呢？所以用户自然愿意关注"美食台"，并观看其中的视频了。

除此之外，"美食台"十分注重内容上的制作，给用户带来有用的学习方法。2017年3月27日，美食台推送了一个标题为《肉类该怎么焯水？三分钟搞明白！》的视频，并获得了10万+的浏览量。这个视频替用户解决了生活中常见的肉类腥味的问题，从而获得大量用户的转发。

"美食台"公众号通过小视频的宣传方式迅速变得家喻户晓，正是这种创新的宣传手法，让"美食台"名气大增，其用户数量也因此暴涨，更是获得用户的一致好评。

13.3 资讯平台、APP渠道推广

今日头条、百度新闻等资讯平台的内容，都受到网友的热烈关注，从而聚集了大量用户。公众号运营者可以从这些平台出发，对其用户进行开发。而公众号想要赢得用户的青睐，从而实现引流，可以从以下三个方面出发，如图13-2所示。

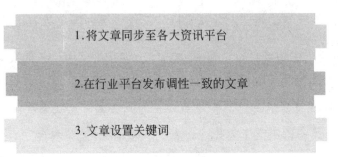

图13-2 资讯平台、APP渠道推广的三种方式

1.将文章同步至各大资讯平台

运营者可以在各大资讯平台如今日头条上注册一个账号,很多资讯平台的内容都是经过验证的用户编写的,只要能引起用户注意,那就是"头条"。运营者可以将自己公众号上的文章同步到资讯平台中。

其实很多资讯平台都是开放性平台,所以运营者上传作品的操作过程都较为简单。但是,各大资讯平台为了保证收录其中的资料的质量,会对用户所上传的作品进行严格的审核。一般来说,审核的时间为3～5个工作日。当然,如果审核最终能通过,那么即使等几天也无妨。但如果审核不能通过,不仅等待是无意义的,还会严重影响到推广的效果。

而事实上,推广工作是十分讲究效率的。因此为了保证推广工作的效率,运营者所上传的内容质量一定要好,才能加大审核通过的概率。除此之外,运营者还可以直接借鉴一些已有的优质资料,审核通过率也同样会加强。具体方法可以是运营者引用别人的文档,然后在文档后面附上自己的公众号信息,最后上传至文库中。需要注意的是,文章所借鉴的内容,都需要注明所引用的内容的来源和出处,避免造成不必要的麻烦。

2.在行业平台发布调性一致的文章

除了资讯平台,还有不少行业平台可供运营者挑选。假设某公众号主

发展期：推广渠道多元化

打美容美妆内容，就可以去小红书、玩美彩妆等平台上发表文章；若是主打美食内容推荐，可去美食天下、厨房与健康等平台上发表关于美食的内容；假设是主打生活娱乐类，如书、影、音推荐，那么豆瓣当然是最好的选择之一。无论哪一行业，互联网上都有其相关的平台可供参考，运营者只要明确公众号定位，就可以在行业平台发布调性一致的文章，引起用户注意。

以豆瓣为例，豆瓣是一个原创性较高的社区网站，具有相当大的影响力。豆瓣的核心用户群体是一群具有良好教育背景的都市青年，他们热爱生活，注重精神上的享受。因此，书籍、电影、音乐，以及生活中的衣食住行都是他们热衷的内容。有关这些方面的问题，也往往能引起豆瓣用户的积极评论。

所以，对于运营者来说，要想在豆瓣中进行推广，就要为用户提供高质量的文章，甚至引起众多用户的争论。所谓有争议才有意义，运营者的文章有所争议，说明引起了关注，想要进一步得到关注，不还是轻而易举的事吗？

发表文章只是吸引到了用户，推广工作还未正式展开。所以说，这只是完成了推广工作的前半部分，运营者还应该继续发力。由于帖子已经吸引到了用户，此时运营者所要做的就是引导用户进行讨论。当然，最终要将用户引导至公众号中。这样一来，既能避免引起用户的反感情绪，又能达到推广的目的，可谓是两全其美。

3.文章设置关键词

很多资讯网站或者APP都是知识分享型的平台，聚集了大量的不同类型的资料。在浩如繁星的资料中查找一篇自己所需要的资料，就好比大海捞针。因此，当用户需要相关资料的时候，会主动在平台中进行搜索。比如，用户需要一篇关于会展经济方面的资料，那么用户就会在平台中输入

公众号运营：
内容创作+运营推广+商业变现

"会展经济"这个关键词。

其实，从另一个角度来看，用户的这种主动搜索资料的习惯，是为运营者提供了一种较为容易操作的推广途径。运营者可以通过用户的搜索习惯，将用户所要搜索的关键字融入文章内，那么文章就能提高出镜率，也就更容易得到用户关注。

所以，运营者可以考虑将关键字设置在文章的标题中。那么，一旦用户输入关键字进行搜索的时候，文档的匹配性会得以提高。这也就意味着文章可能出现在搜索结果的最前面。而对于用户来说，他们更愿意查看搜索结果中较为靠前的文章。

当然，运营者对关键词要进行准确的定位。因为用户在搜索的过程中，首选的往往是分类搜索法。比如，用户想要搜索美食知识，那么就不会在日用品类进行搜索。因此，运营者确定好关键词后，还应对其进行分析，弄明白它究竟属于哪一类别，否则文章是起不到任何的推广作用的。

发展期：推广渠道多元化

学习心得

阅读完了，记下你学到的小妙招吧！

14

成熟期：联盟、互推、活动推广

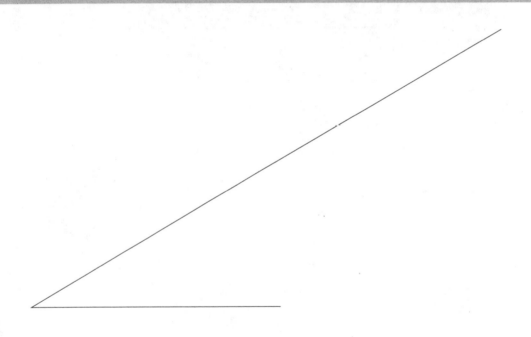

公众号推广进入成熟期后，市场需求将会趋于饱和，粉丝增长逐渐放缓。针对这种情况，公众号应该在原有渠道的基础上，加大推广力度，从而保持粉丝稳定持续增长。除此以外，运营者应该致力于提高用户黏性，让用户陪着公众号长久走下去，所以公众号运营者应该不断拓展自己的人脉，为与用户互动做好助推准备。

14

成熟期：联盟、互推、活动推广

14.1 微信联盟、QQ联盟推广

事实上，公众号推广像淘宝店铺推广、微博推广等一样，都需要借助其他力量进行推广。对公众号市场推广来说，丰富的资源无疑是最重要的一环。运营者想要有效推广，获得用户关注，建立人脉实现资源共享无疑是一个很好的选择，如图14-1所示。

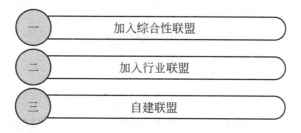

图14-1 微信联盟、QQ联盟推广的三种方式

1. 加入综合性联盟

综合性联盟是概括各行各业的微信公众号运营者的联盟，除了公众号粉丝以外，还有由公众号运营者组成的成员队伍，对公众号运营与推广开展深入交流，深化公众号之间的合作。通过综合性联盟这一大平台，运营者在推广方面可以省下不少精力，从而可以专心做好公众号内容。下面，我们以WeMedia自媒体联盟这一综合性联盟为例，看看WeMedia自媒体联盟是怎样为运营者提供推广帮助的。

WeMedia自媒体联盟覆盖了时尚、生活、科技、财经、汽车、文学等多个领域，是目前中国最大的自媒体联盟组织和社会化营销平台，联盟成员就超过了200个，是众多公众号运营者值得考虑的一个综合性联盟。

WeMedia自媒体联盟让公众号运营者得到更为广阔的推广空间，通过互推、转发以及举办讲座等方式实现资源共享。WeMedia自媒体联盟成员的每一次互推都是对另一方的极力支持,有利于公众号粉丝数量的增长。

运营者加入WeMedia自媒体联盟,无疑是提升曝光率的一大途径。但是WeMedia自媒体联盟的收费也比其他联盟要多,运营者应该根据自身实力而做出选择。

2. 加入行业联盟

运营者还可以借助同行的力量来实现推广目标。行业联盟虽然没有综合联盟那么大的影响力,但是所获得的用户资源会比综合联盟所引来的要精确。运营者可以利用行业联盟提供的资源,参加相关行业的活动,有利于与同行合作,并进行推广。

对于公众号运营者来说,行业联盟的价值性是不言而喻的。公众号运营者能从中学习到非常多的干货,从而助推他们在推广过程中取得更大的成就。这种作用不是所有公众号都具有的,而且,对于一些公众号来说,这种效果也并非能轻易达到。所以,从这个方面来看,行业联盟一般都具备一定的影响力。

除此之外,公众号运营者加入行业联盟,将会对行业内的公众号有一定的了解,在推广遇到问题时,就能迅速找到解决问题的切入点,或者至少能对问题有一个明确的观点。而行业联盟中成员多数都是专业的业内人士,提供的内容往往都能吸引大量用户,运营者可将这些优质、专业的内容进行转发,从而吸引更多用户。

3. 自建联盟

事实上,无论是综合性联盟还是行业联盟,都需要花费一定的费用才能成为其成员。其实运营者在免费渠道上加强推广效果,也可以选择自建联盟。在自建联盟中,大家互相帮助,彼此进行互推。

14
成熟期：联盟、互推、活动推广

自建互推联盟中的成员的目的是非常明确的，就是彼此使用已有的资源，实现共赢。所以，运营者要想自建联盟并邀请他人加入，一方面要拿出自己的实力，另一方面则要拿出自己的诚意来。

关于实力，主要是指运营者所拥有的粉丝数。运营者的粉丝越多，对于其他互推伙伴来说，就意味着推广的效果越好。如果运营者带着数量可观的粉丝数加入了互推联盟，但是只是一味地从其他成员处吸收粉丝，而没有为他人带去粉丝，就会显得没有诚意，其他成员也不会愿意留在运营者自建的联盟当中。

随着自建联盟的壮大，各种各样的成员也开始加入你的自建联盟中。在这种情况下，运营者在准许成员加入联盟之前，还应该对这些成员进行识别。毫无疑问，质量越高的公众号成员，其推广效果会越好。如果不加以选择，而随便增加成员，就很有可能遇到既没有实力，又没有诚意的推友。所谓"磨刀不误砍柴工"，运营者精心挑选想要加入联盟的成员，是非常有必要的。当然，不论运营哪一类产品的运营者，都不容小觑，所以自建联盟还可以加入一些其他行业的运营者。

14.2 同行业、跨行业互推

微信公众号不管是同行业还是跨行业进行互推，都是一种双赢的合作方式。接下来我们看一下在进行互推前都有哪些要点是值得我们注意的（如图14-2所示），如果没有把握好这

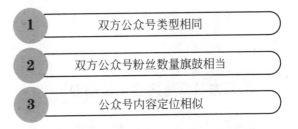

图14-2 微信公众号互推前需要注意的要点

些要素，很容易出现反作用，不利于微信公众号的运行。

1. 双方公众号类型相同

微信公众号包括订阅号、服务号和企业微信（原企业号）。这里所说的公众号类型相同，就是指双方同属于订阅号，或者双方都属于服务号，这样才能保证推送频率一致，毕竟订阅号每天可以推送一次内容，推送频率高；而服务号一个星期只能推送一次，推送频率比较低。

不同类型的公众号，推送频率不一致的，这样会让双方互推变得很复杂，比如，某服务号的固定推送时间是星期一的8：00，那么双方互推的频率就是每周一次，而订阅号与服务号互推就受到了限制，这对订阅号运营者来说是比较苦恼的事。长久下去，订阅号运营者必然有所怨言，双方合作就会遇到问题，最终导致合作失败。

2. 双方公众号粉丝数量旗鼓相当

互推的主要目的就是收获粉丝，而这些粉丝通常是对方公众号的已有粉丝，所以，为了公平起见，双方进行互推合作也要"门当户对"，双方的粉丝数量应该相差不大，比如，一个公众号的粉丝数量是100万左右，另一个公众号的粉丝数量是95万左右。倘若双方公众号的粉丝数量差距太大，比如，一个公众号的粉丝数量是100万左右，而另一个公众号的粉丝量是50万左右，它们两个根本不在一个数量级上，自然拥有百万粉丝量的公众号不乐意合作。即使合作了，双方也很容易发生间隙，导致合作失败。

3. 双方公众号内容定位相似

假如一个美食公众号有一天突然推荐一个日用品的公众号，而显示的画面刚好又是一个马桶刷，想必很多用户都会觉得不舒服。正所谓"道不

14 成熟期：联盟、互推、活动推广

同不相为谋"，公众号之间进行互推，不要求非要同行业，但同类、不违和、有一定粉丝重叠基础还是必要条件，否则会让互推效果大打折扣。

如果两个公众号的定位不相符，就不会产生交叉点，目标粉丝群也就相差甚远，双方提供的资源根本就不是相互所需的，运营者煞费苦心进行互推，最后基本上只能"打水漂"。更有甚者会让粉丝产生公众号定位已经发生改变的错觉，从而出现掉粉的状况。

公众号进行互推前满足以上三个要素后，在互推过程中基本上不会出现什么大问题。那么，经过挑选后，满足互推条件的公众号之间又要采取哪些互推方式呢？

1. 多图文方式直接互推

图片总能给用户最直观的感受，所以使用多图文方式直接互推的方式，效果是最好的。这种方式可以直接将内容呈现给用户，让用户理解起来毫不费力，轻松阅读完一篇文章，从而产生良好的互推效果。

多图文方式直接互推虽然是推广效果最好的，但是操作起来也最麻烦。图文互推的操作方式比较辛苦，对文案功底要求也比较高。在推广效果来说，这种方式依然比较受欢迎。

多图文方式直接互推也有一定的掉粉风险，如果运营者总是以图片的形式发布内容，势必会影响用户的观看体验，因为大多数用户希望能从文字叙述中有所收获。所以运营者要把握好图文合作互推的量，一般来说遵守"3+1"的原则，即发表三篇文章后，再发表一篇图文互推的内容。

2. 在素材编辑时加上互推对象的链接

想必很多人在阅读公众号时，都会在左下角看到"阅读原文"这四个

字,这就是阅读原文互推方式。阅读原文互推即在公众号编辑文章内容时,将原文链接换为互推的另一方的链接,用户通过点击就可以直接到达互推的另一方的公众号中。

由于"阅读原文"是在文章一个比较不起眼的地方,所以点击率一般不会太高。同时,阅读原文互推方式还可以进行组团互推,组团互推的点击率相对来说会比较高。总体来说,阅读原文互推方式操作并不麻烦,效果一般,但仍有比较多公众号都在使用这种互推方式。

3. 在文章后面互相推荐公众号

文末互推是公众号互推的常见方式,即在公众号文章后加入互推公众号信息,用户在阅读全部内容后,倘若对其推荐感兴趣,就可以长按推荐并进行关注。

文末互推操作简单,效果比较好,因为是在末尾进行推荐,也不会因引起粉丝反感,而出现掉粉的状况。这种方式适合进行长期合作的公众号进行互推,数量最好控制在5个以内,数量太多并不一定会产生多好的效果。

4. 自定义菜单引导互推

自定义菜单引导互推方式的前提是,运营者双方必须开通微信自定义菜单,其具体操作方式是:公众号被认证过后,都会有自定义接口权限,运营者将其开通后会出现一个自定义菜单。运营者在自定义菜单上添加关注页面,用户通过点击可以完成关注互推的公众号。这一方式操作麻烦,效果也不见得有多好,所以使用的人比较少。

5. 粉丝关注时自动发出互推消息

当公众号有新用户时,会主动弹出消息给新用户,消息中可包含互推

14
成熟期：联盟、互推、活动推广

内容，其效果也是显而易见的。因为新用户本来就是刚关注公众号，如果这时候公众号还给他推荐其他的公众号，新用户的接受度肯定不好。而当这位新用户成为老用户后，如果公众号还是想使用这种方式进行互推，那么因为老用户必然不能再次接收消息，这种互推方式的推广效果比较差，也不建议各位运营者使用。

14.3 公众号小号为大号引流量

在微信公众号运营推广的成熟期，运营者应当利用一些可以利用的手段，保持公众号粉丝数量的稳定增长，加大吸粉力度，其中公众号小号为大号引流量就是一个不错的方法。

1. 小号重在垂直细分

运营者如果想通过公众号小号来引流，首先要注重小号的垂直细分。比如，定期对小号用户进行问候，建立双方情感；或是偶尔进行小的抽奖活动，让用户有惊喜，提高公众号小号的参与度。通过这些互动方式，用户比较容易对运营者产生信任，为小号引流到大号上奠定了基础。公众号小号做到垂直细分是需要一定技巧的，下面给大家详细叙说一下重要的三个方面。

首先，发表真实的阅读感想。运营者将公众号大号的文章转发到小号中时，一定要将阅读该内容的真实体会表达出来，这样用户才不会觉得过于虚假。而且运营者所写的阅读感想可以引起用户的兴趣，从而使用户认真阅读，加深对公众大号的印象。

其次，在小号上营造活跃的互动气氛。哪怕是小号，也要显得有人

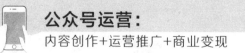

气,让用户感到放心。运营者可以邀请身边的朋友在公众号下留言,发表一些有趣的评论,产生互动感。当然,不想麻烦身边好友的话,也可以花点钱去购买几个"水军",他们的评论会显得更为专业。当互动性产生了,用户也会由于从众效应,给公众号留言。长此以往,双方关系将会更亲密。

最后,经常转发一些有趣的内容。伤春悲秋的故事偶尔可以出现,但有趣才是永不过时的话题。有些用户忙了一天了,下班后还要看到伤感或无聊的话题,在情绪上必然不太愉悦,很容易对公众小号进行取关,更达不到为大号引流的效果了。相反,如果运营者经常发一些有趣的内容,让用户看了之后哈哈大笑,心里对公众号的好感也会随之加强。

2. 将不同粉丝分块差异化对待

"一母生九子,九子各不同。"虽然我们不能对每个人进行精确的划分,但是可以将其划分为大致的群体,并根据其特点进行差异化对待。运营者可以将公众号小号细分为几种类型,比如,针对女性用户的美妆类;针对情侣之间的情感类;针对大众的幽默搞笑类等。不同分类的用户,可以通过不同方式,让他们产生情感共鸣,从而加深其对运营者的信任,从而使得引流到公众号大号上成为轻而易举的事。

14.4 微博、知乎、快手大V推广

公众号宣传就像是要跨越太平洋进行商品交易一样,必须借助船长、船员和轮船等,才能把商品运到太平洋彼岸。公众号运营者的能力有限,想要在最短的时间内达到利益最大化,就要借助一些外在力量。

外在力量中,微博、知乎、快手都是很好的选择,这些社交平台的

成熟期：联盟、互推、活动推广

大V影响力不可小觑。大V一般都拥有高信誉度和高人气，公众号完全可以借助大V的影响力进行宣传，得到高转发量和高曝光率，从而为公众号造势。如果运营者想要借助大V进行宣传，应该怎么做才能达成合作、进行引流呢？一般来说与大V合作有两种推广模式，即免费模式与付费模式。

1. 免费模式

运营者可以通过查找这些社交平台的领域重要人物，并对其进行关注，然后经常发表一些有趣的内容或者对热点内容表达观点。大V觉得运营者发表的内容不错，一般都会转发或者予以鼓励，运营者的名气也会随之提升。

在这方面微博就发生过相似案例，曾经某微博大V无意中看到一条有意思的微博，并对其进行转发。在短短一天内，被转发微博的博主就涨了一千多粉丝。

当然，商家可以把要求降低一些，先去关注一些知名度较小的大V，从而增加曝光率，内容被看到的概率也会上升。

除此以外，一些社交平台的大V也经常免费为粉丝发布信息，特别是品牌类或者电商类，运营者可以向其积极投稿，引起该博主的注意，进而为公众号发布信息。

2. 付费模式

付费模式是最常见的，商家有针对性地选择微博大V，付费与其达成合作，对方会以不同形式对公众号进行宣传。这种合作方式最简单也最有效，因为一般挑选过的微博大V不仅符合公众号产品的特征，影响力也大，根据此引流而来的基本都是精准用户。

公众号运营：
内容创作+运营推广+商业变现

运营者付费与微博大V进行合作，通常都是以写软文或者发布小视频的方式进行宣传，当然，有的大V也有自己的微信公众号，会在公众号上进行推荐，这些方式都比较受用户欢迎。宣传过后，商家应该着重考虑如何对这些精准用户进行转化，并产生裂变。

比如说要得到某大V的签名或送小礼物，并进行促销抽奖活动，只要用户转发就有机会获得礼品等，让用户充分融入活动并打造裂变环节，从而增加公众号粉丝量，提升粉丝留存率。

下面我们以知乎为例，看看公众号运营者如何在知乎上与大V互动，进而做推广的。

知乎是一个聚集着各行各业的精英的问答社区，在知乎上所提的问题往往能得到较为准确且专业的回答。不仅如此，很多大V都会主动在知乎上分享专业的知识以及独到的经验和见解，使得知乎的用户量不断增加。所以，运营者将推广目标瞄准知乎是正确的。

公众号运营者在知乎上的推广方式主要以问答的形式进行，问题不能太难，否则很容易遭到冷落，但也不要太简单，会让人觉得没有挑战性，提不起兴趣。运营者发布问题的目的是吸引用户参与到自己设定的问题中来，从而将他们转化为公众号的粉丝。从这个目的出发，运营者所发布的问题最好是具有利益诱惑性的，比如，如何通过知乎引流月入过万？

这样的问题门槛较低，趣味性较强，很多用户看到这样的问题，都愿意参与其中发表自己的见解。这样一来，运营者就可以同时组织起较多的用户，从而保证引流的质量。

注意，知乎的邀请功能才是运营者的核心。运营者可以邀请知乎中的大V来回答自己的问题。当有大V来回答运营者的问题时，就给运营者增添了人气，能吸引更多的用户参与其中。在大V回答过后，必然得到众多知乎用户的关注，运营者可以在这时顺带介绍公众号，并留下公众号的添加方式，从而达到宣传引流的目的。

14.5 线下推广活动

目前，很多公众号运营者都在线上推广公众号，而忽略了线下推广的重要性。线下推广能让公众号与用户产生直接的连接，让公众号推广显得更有价值。线下活动是公众号宣传推广的重要渠道之一，通过线下活动营销，公众号可以获得一定的客流量，还可以增加公众号的推广渠道。

运营者通过线下活动来推广公众号有很多方法，下面给大家介绍常见的在人流中心区域进行地推以及举办沙龙活动这两种方法。

1. 在人流中心区进行地推

公众号运营者想要在线下推广，可以在人流量大的地方举行相关营销活动，这是最简单粗暴但是却很有效的线下推广方式之一。在举办活动之前，运营者首先要准备精美的传单或者小礼品，当然绝对不能忘记附上公众号二维码。随后运营者通过派发传单的方式引导人群扫描二维码，让人群对公众号有进一步的了解。当然，商家如果想要加大宣传力度，可以多给人群甜头，比如扫码送大礼、抽奖等，这样对人群来说比较具有吸引力，也使得他们更愿意去了解公众号。

当然，运营者能够给人群提供专业的贴身服务自然是最好的，公众号的其他成员可以对围观的人群提供详细的指导与疑问解答，手把手教他们如何关注自己的公众号。

2. 举办沙龙活动

线下沙龙活动与社群宣传有一定的相同之处，就是把一群有着相同爱好或者有着相同理念的成员聚集到一起，共同探讨公众号的发展趋势等内容，但线下沙龙比社群更真实，宣传的理念更容易被大家接受。运营者可以通过聊天让大家了解自己的公众号，从而获得客流。

运营者可以从公众号带给用户的价值上对他们进行引导，比如通过自己的公众号，用户会有什么收获。此外，还要宣传自家公众号内容精、吸收快等基本标配，在价值上获取成员的认可，有可能迎来新的发展契机。

关注只是开始，运营者通过线下活动吸引粉丝后，还应该通过一些后期线上活动将粉丝沉淀下来，从而提升留存率。

接下来我们通过"上海建行财管家"微信公众号的案例，分析一下建设银行上海市分行是如何通过线下活动，提升品牌知名度，吸引新用户的。

2017年"五一"小长假期间，建设银行上海市分行在世纪公园举办了一场关注"上海建行财管家"微信公众号，扫码送福利的线下小活动。在这场活动中，现场人潮涌动，反响热烈。

这场活动是建设银行上海市分行借助"卟咚草地亲子音乐节"开展的，通过"五一"的节日效应和公众号的流量风口，将这场线下活动主题定为"扫码掘金"。

这场活动的形式为：只要关注"上海建行财管家"微信公众号，并在公众号上回复"扫码掘金"，根据系统反馈参加抽奖，就有机会获得精美小礼品。

在这场线下活动中，公众号的工作人员为参加音乐节的孩子们上了一节关于财商教育的课，让小朋友们对理财有一个基础的概念认知。除此之外，他们还给现场的青年朋友们详细解说了公众号内容给大家带来的好处，

成熟期：联盟、互推、活动推广

加深了这一人群对公众号的印象。工作人员还根据现场的不同家庭，提出了具有针对性的理财规划建议，并切中用户痛点，就"如何尽早为子女做好教育金储备"这个话题给大家做了知识普及。这次线下活动除了内容丰富以外，奖品也同样具备吸引力。很多现场人员都是冲着奖品积极参与活动，使得这次活动举办地很成功。

这场线下活动成功引流近4千位用户，粉丝留存率高达80%，不仅宣传了"上海建行财管家"公众号，让用户对此建立了品牌认知和价值感知，还有效提升了"上海建行财管家"公众号的知名度，而建设银行上海分行在投资理财领域的品牌影响力也得以提升。

公众号运营:
内容创作+运营推广+商业变现

学习心得

阅读完了,记下你学到的小妙招吧!

下篇

商业变现：软文广告、电商、课程培训

15

软文广告：一条软文也能收入上万

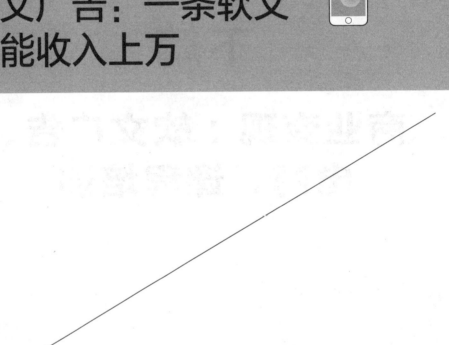

当公众号聚集大量粉丝，并且能形成一定的规模效应后，就可以实现商业变现。在公众号商业变现中，软文广告具备一定的变现能力，为众多运营者所使用。软文广告写得好，一条广告就有可能达到上万甚至十万的价格，为运营者获取更多的收益。

15

软文广告：一条软文也能收入上万

15.1 植入软文收费前提与注意点

软文植入是微信公众号最常见的盈利模式，不少公众号运营者都根据自己公众号的影响力制定出相应的价格，比如"天才小熊猫"公众号软文植入价格就超过了6位数，是许多公众号可望而不可即的。

公众号软文植入收费前，运营者必定要先确定软文内容与公众号属性是贴合的，否则风马牛不相及的内容，只会让用户产生违和感，不仅会流失用户，广告商也会对此感到不满意。除此之外，值得注意的是，运营者一定要控制好软文与常规文章数量比例，不能天天推送软文广告，用户得不到相应的价值输出，很快就会取关公众号。

如何做到让自己的软文紧贴生活，让用户产生共鸣呢？仔细分析优秀的公众号软文，可以归纳出四条方法，其具体内容如图15-1所示。

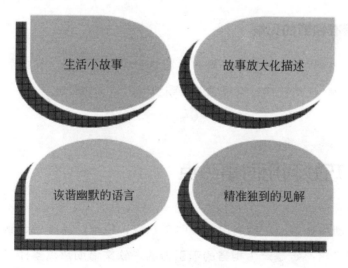

图15-1 文章软文的体现方法

1. 生活小故事

一个优秀的公众号在其公众号内容中,有非常多的生活小故事,软文就设置在故事中。故事的主角各种各样,仿佛就是身边的人。就是现实生活中很多会出现的角色,比如父母、朋友、恋人等。不仅如此,所描写的故事情节也很生活化,有的只是常见的高中时期的懵懂恋情,以及朴素又普通的北漂爱情等。

2. 故事放大化描述

故事放大化描述对用户有极强的吸引力。事实上,这种营造故事看点的写法,同样能够引起用户共鸣,当然把软文用放大化的形式进行描述也是一个不错的选择。

3. 诙谐幽默的语言

如果软义通过幽默的语言风格进行表述,用户就会感受到趣味性,从而产生兴趣,这么具备吸引力的内容,谁都想把整篇文章阅读完吧?

4. 精准独到的见解

文章中体现自己独到的见解,并将这种见解通过每一篇生活化的文章传递给用户,让用户在价值观念上得到引导,软文也如此。

15.2 巧妙利用时事热点

软文创作如果能巧妙利用当时时事热点,将推广品牌融合到一起,那么软文对读者必定是产生相当的吸引力的。软文借助热点事件可以有效提高公众号的点击率,下面我们通过三个方面看一下运营者应该如何结合时事热点撰写软文,如图15-2所示。

15
软文广告：一条软文也能收入上万

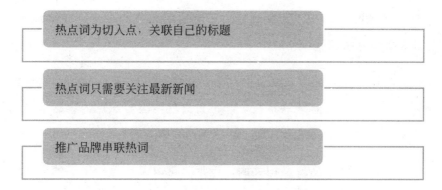

图15-2 运营者结合时事热点撰写软文的三大要素

1.热点词为切入点，关联自己的标题

一篇软文是否能获得高阅读量和高转发率，其标题就是一个关键要素。软文的标题若是能切入当下热词，使热门事件和软文标题结合在一起，必然能引起大量用户的注意，促使用户点击进行阅读。

比如说有一段时间演员胡歌受到广大用户的关注，而许多公众号紧紧抓住"胡歌"这一热点，与标题紧紧融合在一起，得到了超高点击率。

2.热点词只需要关注最新新闻

"热点"是时下受到热捧的关键点。热点事件在最开始的时间段，影响力是最大的，而软文在这一时间段内，曝光率也是最高的。所以运营者要时刻关注各大平台信息，比如微博热搜、网易头条、今日热点等，从而及时获取最新的时事热点。假如运营者在热点还在发酵时，就立刻意识到事件有可能会爆发，就可以先发制人，从而获取最大收益。

3.推广品牌串联热点

软文内容是否优质，除了具备良好的文字功底，还要注重时事热点与软文的结合。假如软文中只有品牌内容，缺乏时事热点，用户阅读起来就

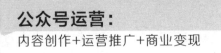

会感到乏然无味；相反，软文内容过于突出时事热点，忽视了品牌推广，就会让整篇文章失去意义。

热点与推广品牌的联系要紧密结合，若是过于生硬，只会取得反效果。运营者想要把这两者紧紧联系在一起，首先就要区分热点内容跟推广品牌是否有联系，并根据其结合方向，从以下两个方面进行联合。

假设热点与推广品牌是相关的，运营者可以采用抛砖引玉的方式，利用热点关键词引起用户的注意，从而很好地将品牌内容引入热点中，潜移默化将品牌内容表达出来。

比如说，电商行业的各大产品营销都容易让人觉得索然无味，而某一公众号根据当时的热点：雾霾，与电商的N95口罩结合起来，让大家在认识到雾霾的严重性的同时，也知道该如何采取措施保护自己。通过二者的结合，那段时间北京的N95口罩甚至出现缺货现象，达到了意想不到的效果。

但并非所有热点都能那么容易找到切入点的，有的热点与公众号所要撰写的品牌形象并不吻合，给运营者的软文推广带来了很大的难度。在这种情况下，运营者可以通过联想获得切入点，根据推广品牌的某一特点与时事热点联系起来，逐渐体现品牌信息。

15.3 软文加入创意元素

优秀的软文从来不像广告，而是像一个故事，轻轻撩拨着用户的心弦，让用户有一种身临其境的感觉。写出这样的好软文，就要求公众号运营者撰写时要加入一定的创意元素，引导用户完成阅读。下面我们通过"天才小熊猫"公众号的案例，看一下软文是怎么通过创意获得用户认可的。

15

软文广告：一条软文也能收入上万

"天才小熊猫"凭借着奇大无比的脑洞，总是创造出让用户哈哈大笑的内容，用户还会不由自主地对其内容进行评论和转发。天才小熊猫之所以那么受欢迎，与其创意性的软文思维是分不开的，如图15-3所示。

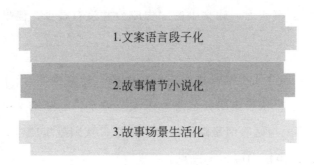

图15-3　天才小熊猫创意性的软文思维

1. 文案语言段子化：每一篇文章都是一个广告

"天才小熊猫"凭借其高超的段子手风格，已经在软文广告界树立了自己的品牌。在"天才小熊猫"众多的软文广告中，有一篇经典之作，叫《千万不要用猫设置手机解锁密码》。这一篇类似于段子的软文，事实上是手机软文广告。这篇软文最后获得了接近1亿的阅读量，转发量高达17万次。

"天才小熊猫"作为一个软文广告商，纵观它的发表的软文内容，比较显著的一个特点就是文案语言段子化。"天才小熊猫"运用了段子式的语言，弱化了软文中的广告意味，并获得用户的大量阅读和转发。

2. 故事情节小说化：这是小说

"天才小熊猫"的每一篇软文都可以算是一篇小说，故事情节完整，过程跌宕起伏。不仅如此，"天才小熊猫"软文中的各个情节十分紧凑，不会让用户觉得衔接不上、强拼硬凑。很多用户看完之后的反馈是，"猜中了故事的开头，却怎么也没有猜到故事的结局""直到看完了整个故事，才发现这就是一则广告"等。

"天才小熊猫"使用故事情节小说化的创作方式，巧妙地将广告隐藏了起来，向用户传递了一种趣味性，使用户在精神上得到了享受，而不会出现反感的情绪。事实上，软文中的广告成分并没有减少，但是效果却完成了飞跃。

比如，《千万不要用猫设置手机解锁密码》软文中，"天才小熊猫"还提到了"看到手机快没电了，已经两天没充电了。赶紧给手机插上数据线就去睡了"。这一句话看似是随意提到的内容，实则就是广告，凸显了该手机品牌的电池蓄电能力强这一亮点。

这种小说化的故事情节增强了软文的可读性，同时还产生了一种品牌效应，这也告诉了公众号运营者，要想打造自己的个人品牌，还可以从推文的故事情节入手。用写小说的方式来创作公众号推文的故事情节，增强故事的可读性，从而吸引到较多的用户。

3.故事场景生活化：搞笑是一种创意

"天才小熊猫"的软文之所以受到广大用户的欢迎，还有一个原因是它的故事场景非常生活化。天才小熊猫的软文故事发生在大多数人生活的普通场景中。通过故事场景生活化，使得用户很容易在生活化的故事场景中找到共鸣感，可以轻易进入天才小熊猫所设定的思维圈中。

将生活化的场景作为公众号推文的故事场景，在一定程度上也降低运营者的工作难度：生活化的场景是大多数人每天都要经历的，运营者可以不用绞尽脑汁去刻意编造，从而节约一定的时间成本。公众号的软文创作其实是一种艺术，所以，运营者应该对生活化的场景进行艺术加工，而创意就是最好的艺术加工法。

比如，天才小熊猫在《千万不要用猫设置手机解锁密码》一文中，对与地铁站工作人员的对话进行了艺术加工。原文中的对话如下：

工作人员：你的猫不能带进。

去我：为什么？

工作人员：我们有规定。

然后那个人指着墙上的一个标志对我说，看见没有？（如图15-4所示）

图15-4　地铁站工作人员所指的标志示意图

我：你这上面画的是狗，我这是猫啊。

工作人员：……只要是宠物就不行！

我：这不是宠物，我平常根本就不宠它。

工作人员：滚！

地铁站、安检是很多用户所熟悉的生活化场景，以上的对话内容经过了运营者的艺术加工，使得发生在普通的生活化场景中的对话具有了趣味性。单纯软文故事情节生活化是无法具有较强的吸引力的，向其中加入了创意才使得"天才小熊猫"具有与众不同的气质。

公众号运营：
内容创作+运营推广+商业变现

学习心得

阅读完了，记下你学到的小妙招吧！

16 网红电商：公众号IP化推广

聚焦当下市场状况，"IP热"现象经久不散，成为变现模式中盈利能力最强的一种。当IP与电商相结合，产生的粉丝效应是巨大的。下面我们通过介绍"公众号+电商"的模式，看看运营者如何盈利变现，并实现良性循环的。

16.1 自营微店：利用软件一键开店

微信公众号有一个很好的盈利模式就是自营微店，自营微店的成本比其他电商要低，再通过公众号的宣传与推广，运营起来相对简单一些，盈利空间较大。公众号自营微店主要有以下三方面的优势，如图16-1所示。

```
1  粉丝爱打赏，购买没商量
2  质量好，转化率必定高
3  重度人物IP化，粉丝接受程度高
```

图16-1 公众号自营微店的三个优势

1.粉丝爱打赏，购买没商量

微信公众号是建立在粉丝的基础之上的，粉丝数量是最好的代言人。在公众号众多的粉丝数量中，总有一批是该公众号的"死忠粉"。这批粉丝根据自己对该公众号的热爱，经常对运营者进行打赏。除此之外，还有不少粉丝是根据公众号某篇内容的质量进行打赏。

粉丝喜欢使用打赏来表达自己喜爱程度。建立在这个基础上，如果公众号实现自营微店，粉丝对产品实现"买买买"又怎么会是难事呢？

2.质量好，转化率必定高

如今很多电商为了提高转化率，不断在消费者的购物流程、UI设计等方面进行优化,从而提升用户体验。而微店在这一方面是具备发言权的,微店设计简单,消费者对商品分类一目了然;除此之外,微店与消费者能够实现实时对接,消费者有任何关于产品方面的问题,工作人员都会进行解答,为消费者提供贴心的服务。在推广方面,微店可以依赖微信公众号实行软性推广,力求在最短时间内提升转化率。通过多方面的优化,粉丝的转化率也必然能得到提高。

3. 重度人物IP化,粉丝接受程度高

自营微店还有一种类似于"明星效应"的优势,即人物IP化。人物IP化是指公众号的运营者或者其他主要人物通过高频率、高质量的输出,获得粉丝的认可,该人物即品牌。运营者将自己打造成一个IP后,粉丝基于公众号对运营者的认知,会对运营者的接受程度比较高,哪怕运营者开了微店,也很少会引起粉丝的反感。通过人物IP化,运营者可以获得一定的号召力,沿着这一路径取得成功,最后获得IPO。

人物IP化的魅力是很大的,比如某自媒体人通过人物IP化,在广州的某一个地标广场,以个人名义举办了一场嘉年华,上千粉丝参与其中。

目前电商市场的发展模式较为单一,电商运营者想要寻求更好的发展,就要在发展模式上实现创新。而微信接近10亿的流量用户决定了其必定能产生更大的商业价值,电商如果能在微信上发展,想必市场将会更为广阔。

"小小包麻麻"在2017年9月携手阳澄湖大闸蟹协会,在微店上推出了"阳澄湖大闸蟹包妈请你免费吃"的团购活动,在短短一个月内,微店的阳澄湖大闸蟹的优惠券便售出15 000多份。

微信公众号"小小包麻麻"是"致力于电商发展的知名母婴自媒体平台",坐拥500万粉丝,巨大的流量池让"小小包麻麻"的运营者积极探索新的发展模式,最后选择自营微店。

"小小包麻麻"微店建立在公众号的基础上,让电商服务得到了一个很好的入口,不仅让消费者感受到更贴心更灵活的购物体验,对商家来说,复购率也得以提高。在小小包麻麻看来,选择微店有两方面优势。

(1)选用微店能够较快实现零售,销售模式更直接

"小小包麻麻"的最大优势就是没有把自己打造成高高在上的运营者,而是跟粉丝像是普通朋友的关系,与粉丝之间处于较为亲密的状态,人物从而得到"IP化"。"小小包麻麻"通过公众号与粉丝产生直接的接触和交流,了解粉丝需求,从而在微店上给粉丝最优质的产品和最贴心的服务,实现快速零售。

(2)微店能够有效与人物结合,进行线上推广

"小小包麻麻"公众号的创始人之一孙静,被称为"中国最会买的妈妈",得到众多粉丝的拥簇。孙静在粉丝中的影响力较大,已经成为一位"IP化"人物,促使微店产品复购率高达80%。

16.2 产品货源、物流平台选择

微店不像公众号一样卖内容,而是通过实物与粉丝进行交易,这就需要公众号运营者寻求第三方合作伙伴,从产品货源以及物流平台上进行选择,力求给消费者提供最好的服务。

1. 货源品质要高,性价也要高

哪怕公众号粉丝数量再庞大,运营者人气再高,在开通微店后,如果运营者不注重产品的质量问题,出现假冒伪劣、粗制滥造、有着安全隐患

的产品，除了无法让微店盈利以外还会造成大量脱粉。公众号在选择货源之前，首先要注意以下两个问题。

① 尽量不要做一些运输麻烦的产品，比如冰箱、洗衣机、家具等，这类产品利润低，运费高，普通公众号很难在这类产品上获取利润。当然，易碎品最好也先排除掉，因为在运输过程中风险较高，退货换货的可能性也比较大，不利于微店的运营。

② 运营者千万不能接触任何违法的产品，哪怕成本再低、利润再高，那都是损害消费者利益的行为，被粉丝发现后会造成不可挽回的局势，严重的还会触犯法律。

很多公众号运营者都是第一次做微店，对于网上开店的流程并不清楚，为了寻找高质量的货源，运营者可以从以下几个方面考虑，如图16-2所示。

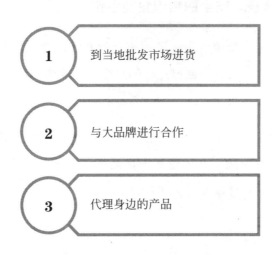

图16-2 微店货源渠道

（1）到当地批发市场进货

当地批发市场货源充足，运营者也可以直接到现场查看产品，为货源

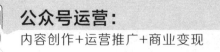

的质量提供了保证。运营者在第一次购买时,感觉价格比较合适,就可以直接进行购买。当产品卖出去第一批,得到的反馈不错,运营者再和老板讲价,尽量以最低价获取产品。

(2)与大品牌进行合作

与大品牌进行合作,一般来说,除了质量有所保证以外,品牌影响力也在无形中促进营销。像上文提到的,"小小包麻麻"与阳澄湖大闸蟹强强联合,从而做到了在一个月内15 000份的高销售量,实现"双方共赢"。

(3)代理身边的产品

运营者必然有着一定的人脉关系,这其中做营销的估计也不少。运营者可以选择自己或身边的人使用过的、反馈比较好的产品来代理,赚取中间差价,也不用担心压货的问题,这样开微店的效率更高。

2.选择速度快、安全的物流企业合作

除了产品质量,物流也是运营者需要着重考虑的问题。运营者在选择物流平台之前,首先要明确自己产品的定位,才能选择最适合的物流方案,适合自己的才是最好的。

每个人在购买产品后,都想尽快体验"手撕快递"的快感,所以物流速度是运营者选择物流平台的重要因素之一,除此之外,运营者还应该考虑到物流服务、安全性以及运费等问题。

(1)运输能力

运输能力是运营者选择物流平台的核心要素,它包括了产品运输的速度以及安全性。想要知道物流的运输能力如何,运营者可以考察物流平台的打包方式、网点覆盖范围、是否具备优先仓位等,从而确定该物流企业是否具备有效整合运输资源的能力,从而在运输质量上有所提升。

除此之外，保证产品的安全也是物流平台该做的事，但不同的平台还是会有差异。运营者可以选择透明度和可控度较高的物流平台，清楚了解货物在每一个节点的变更，从而最大限度降低产品的丢失率、破损率。

（2）服务质量

无论是淘宝、美团还是京东，这些电商平台产品评论中，有很多差评都是因为物流服务问题，导致商家无辜受批。事实上，在微店也是一样的，物流人员才是最后面对消费者的人，物流服务质量影响着消费者的复购率。运营者想要提高消费者忠诚度，需要从物流服务质量上入手。

16.3 "经典绘本"凭公众号+电商模式日入3.3万

微信公众号"经典绘本"致力于分享绘本和亲子教育、夫妻相处的内容，其运营者哈巴曾在其微店中上传了一套售价为155元的绘本，当天销售额达到3.3万元，一度出现因缺货导致下架的局面。

运营者将这场营销盛况的原因归结为"公众号+电商"模式，那么，他是如何将这一模式发挥出作用的呢？如图16-3所示。

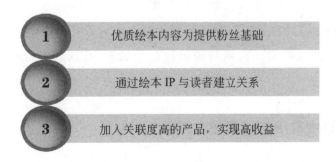

图16-3 "经典绘本""公众号+电商"模式

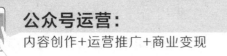

1. 优质绘本内容为提供粉丝基础

"经典绘本"并不要求内容必须为原创,哈爸认为,只要分享的内容足够优秀,就可以吸引不少用户。哈爸打造优秀内容是从以下几个角度出发的。

首先,公众号所分享的内容必须是干货。"经典绘本"收集了大量对用户有用的资料,并保存下来,再发表到公众号上。"经典绘本"选择的文章都会再次进行排版和校对,在发布之前通过不同屏幕的手机和平板上反复观看,确认无误后再发布出去,有这种认真负责的态度自然会发布出优质的文章。"经典绘本"没有做过促销活动,仅凭借其优质的内容就吸引了众多用户,一步一个脚印走到了今天。

其次,内容要和公众号定位相符。很多人讨厌看到牛头不对马嘴的文章,找不到重点,不知道作者想要表达什么。公众号也是一样,如果运营者的文章不能与公众号定位相符,会让用户产生一种"不专业"的错觉,进而取消关注公众号。

"经典绘本"的定位是建造和谐家庭,培养和谐亲子关系。"经典绘本"一开始是通过绘画的形式做成动画视频,但是有用户反馈,孩子通过手机看视频,对视力也可能会造成影响。于是"经典绘本"把表现形式换成了图文绘本、音频绘本等,营造一个符合"绘本"的形象。

除此之外,"经典绘本"还会针对用户特性,分享一些有价值的文章,文章都是符合"经典绘本"亲子教育定位的。运营者认为,只分享图文等绘本内容,转发率会比文章与绘本相结合的要少,公众号也得不到有效推广。

2. 通过绘本IP与读者建立关系

"经典绘本"除了有公众号以外,还有一个腾讯媒体开放平台,用户量几乎是"经典绘本"公众号的3倍,收益却不高。追根到底,还是因为没有与用户建立关系。

"经典绘本"通过自己的魅力,与用户建立了关系。在注重优质内容的同时,还注重维护与用户之间的关系。

3.加入关联度高的产品,实现高收益

"经典绘本"一开始并没有明确销售什么产品,这个公众号尝试过销售罗辑思维的会员制、云科技的广告式、鬼脚七的专业式等,但与其公众号关联度并不高,很难契合用户痛点。后来"经典绘本"尝试销售绘本童书,因为与其公众号的关联度较高,同时符合用户需求,最后受到用户的热捧,从而实现高收益。

公众号运营：
内容创作+运营推广+商业变现

学习心得

阅读完了，记下你学到的小妙招吧！

17

课程培训：让成长成为标配

可以毫不夸张地说，培训是一个永恒的话题，不论社会处于何种发展状态，或者是到了何种发展程度，培训永远都是值得重视的一个内容，并且是不能抛弃的。培训的重要性很早就被人们意识到了。在这种大的社会背景之下，培训类的公众号也就大量涌现出来了。在这众多的公众号中，有很多是非常优秀的。本章就为大家介绍课程培训类公众号，看看它们是如何走向成功的。

17.1 参加课程培训群体动机

公众号运营者举办的课程培训都是以用户的核心需求为出发点的,用户需求可能是非常小的一点,但有着极强的爆发力。只要成功挖掘出用户的核心需求,提供满足他们需求的培训内容,就可以从中获利。动机是需求的产生基础,一般来说,用户在公众号上进行培训的动机分为两种:学习动机和社交动机。

1. 学习动机

学习动机是内在原因,一般来说用户对某些知识有着强烈的渴望,通过培训一段时间后,能够明显看到培训结果。除此之外,通过培训学习对自己进行改造,用户有可能会得到周围人的称赞,从而产生愉悦的心情。

2. 社交动机

社交动机属于外在原因。社交是人的社会性需求,无论是线上还是线下,我们都要与其他人建立一定的人际关系,从而满足自己或者他人的需求。如果没有社交,那么用户就得不到成长和发展。除此之外,社交还是一种表现自我的形式。用户在与其他人往来时,就产生了社交关系。在这种社交关系中,用户往往有证实自己能力的需求,通过表现自己,获得他人的承认。公众号培训针对人们的社交性,让用户通过培训形成更好的社交关系。

用户有完善自我的需求。心理学家认为,用户在社交过程中,会增强对自己的认识,这种自我认识促使用户继续完善自我。用户想要得到完善,就可以通过培训,发现自己在哪一方面存在不足,从而成为更完美的自己。

17.2 线上培训三大要点

准备培训的必备要素是时间、地点、内容,同样的,线上培训也是如此。运营者只有做好这三方面(如图17-1所示),培训机制才显得较为完整,从而吸引更多的用户进行培训。

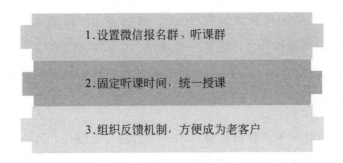

图17-1 线上培训三大要点

1. 设置微信报名群、听课群

培训总要有一个平台作为基础,而微信群就是最好的选择。微信群一次性可容纳500人,支持文字、语音、视频等培训方式。运营者可以根据培训内容建立微信群,引导广大粉丝前来报名,为线上培训奠定基础。

2. 固定听课时间,统一授课

公众号粉丝众多,前来培训的用户自然不会少,运营者是不可能一对一进行培训的,这并不现实,不仅要花费大量的时间和精力,收益也寥寥无几。所以,运营者最好规定听课时间,培养用户听课习惯,对用户进行统一培训。鉴于用户群是多方面的成员,所以运营者选择的时间最好是多数人都比较方便的时间,比如周六晚上7点等。

3. 组织反馈机制,方便成为老客户

线上培训讲课只是讲师单方面的灌输知识,用户与讲师之间很难进行互动,这就要求运营者组织一个反馈机制,收集用户对培训内容的感受、建议等,从而做出相应的改变。当用户看到运营者用心经营培训课程的诚意时,自然而然会对运营者产生信任,成为老客户,有的甚至还会引导新客户一起进来培训。

超级IP"罗辑思维"成立至今获得很多赞誉,在2017年11月还入选"时代影响力·中国商业案例TOP30",其创造人罗振宇也因打造出这样的一个超级IP而被称为"中国第一自媒体人"。"罗辑思维"的服务对象以"80后""90后"为主,与用户互动形式多种多样,其中包括脱口秀、讲座、付费订阅等。

下面我们看一下"罗辑思维"的一些数据:上线8个月后就吸引了50万的粉丝,推出微信会员收费制6个小时内,5500名会员名额销售完毕,收益达到160万元。2017年,"罗辑思维"公众号粉丝已逾千万,至今仍是微信营销界的一个神话。"罗辑思维"获得如此大的成就,原因之一就是懂得如何把IP变现,其VIP会员制就是其中一种变现模式。

"罗辑思维"不仅坐拥千万粉丝,还有一个付费会员社群,会员人数过万,且质量远远优于其他自媒体。不仅如此,该社群一年只招募一次会员,并且明文规定总招募人数只要10万人,成为"罗辑思维"拓展事业的核心力量。

2013年"罗辑思维"推出微信会员收费制6个小时就创收160万元,会员名额销售一空。同年12月进行二期招募,近2万人在1天之内成为其会员,筹集资金再创新高,达到800万元,而且这还是在只支持微信支付的基础上进行的。这一次会员的招募成为"史上最无理的会员收费制",但活动依然顺利完成,其根本原因无非是"罗辑思维"的优质内容得到了用户的认可。

17.3 线下培训要点梳理

以下分两个方面讲一下，线下培训有哪些要点是值得运营者注意的。

1. 设置长期、短期组合培训

根据培训内容性质以及用户需求的不同，运营者可将培训分为长期和短期这两方面的培训，短期培训主要针对急求效果的用户，比如烘焙班培训等；而长期则是针对在培训过程中获得成长，完成质的飞跃的用户，他们需要长期培训来对自己进行改造，或是完善身边某些事物，比如罗振宇的"时间的演讲"。当然，比较有实力的运营者还可以设置中期培训，一般以培养兴趣内容为主，但一般来说，长期和短期已经足够将用户分类了。

2. 设置不同会员等级，价格成阶梯化

根据"二八原则"我们可以知道，20%的用户给公众号带来80%的利润，因此运营者可以将会员设置为不同等级。运营者设置不同会员等级的目的主要是为了识别高价值用户、潜力用户以及低价值用户，针对不同级别的会员实施不同的培训方案，进行精准营销，从而让会员价值得到最大化发挥。

等级越高的会员所享受到的培训内容自然越好，所以随着会员的分级，价格也要呈阶梯化逐渐提升。

吴晓波作为国内最出色的财经作家之一，曾被评为"中国青年领袖"，其创办的"吴晓波视频"在财经爱好者群体中有着极大的影响力。吴晓波曾创下过一年举办了2000场线下活动的佳绩，至今仍为人津津乐道。下面,我们来看看吴晓波频道是如何通过梳理培训组合,从而举办线下活动的。如图17-2所示。

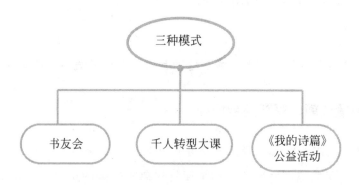

图17-2 吴晓波频道线下活动的三种模式

① 书友会

吴晓波频道推出的书友会是以用户兴趣作为支撑点的活动,吴晓波认为:"书友会就是把喜欢读书的同学召集到一起,借由一本书,勾连一批人,以价值观聚之,以价值系之。"书友会是建立在吴晓波频道"荐书"的基础上形成的活动,在"荐书"栏目中,不少行业嘉宾都会定期到此进行主题讲座,吸引了大量书籍爱好者的观看。除此之外,公众号承诺,只要加入书友会,用户就有可能近距离地与吴晓波进行接触,这样无数吴晓波的"真爱粉"都动心了,从而纷纷加入书友会。

② 千人转型大课

许多传统企业家都希望在互联网时代实现转型,不想被时代淘汰,但转型难度太大,总是找不到突破口。吴晓波针对这一情况,发起了千人转型大课,在互联网讲座上给了许多企业领导人指明了有效的方法,因此大家对于吴晓波在转型方面的需求也十分大。

千人转型大课的第一场在深圳举行,参加培训的1500个名额销售一空;第二场在上海举行,现场情况同样火爆。吴晓波频道直击用户需求,在转型培训上显示出品牌效应，让线下活动盈利模式可复制化。

③《我的诗篇》公益活动

2015年6月，"吴晓波频道"发起众筹活动，主题为"包下100场电影，免费观看《我的诗篇》纪录片"公益活动。《我的诗篇》是由吴晓波担任总策划的一部非虚构电影，影片对6位工人进行记录，内容直击观众的内心。

这场众筹活动在短短一个星期内获得了54家企业及机构的赞助，一共包下了80场电影，而影片进行首映时，还出现了一票难求的状况。这次众筹活动扩大了"吴晓波频道"的影响力，也引起了广大用户对工人群体的关注，引发人们思考。

超级IP"吴晓波频道"的变现方式还有许多，是很多自媒体人争相效仿的榜样，但其仍然不会止步于此。"吴晓波频道"在今后线下活动还会有怎样的发展，让我们拭目以待。

公众号运营：
内容创作+运营推广+商业变现

学习心得

阅读完了，记下你学到的小妙招吧！